レディ・レッスン

ポジティブガールの教科書

ケリー・ウィリアムズ・ブラウン＝著
鹿田昌美＝訳

大和書房

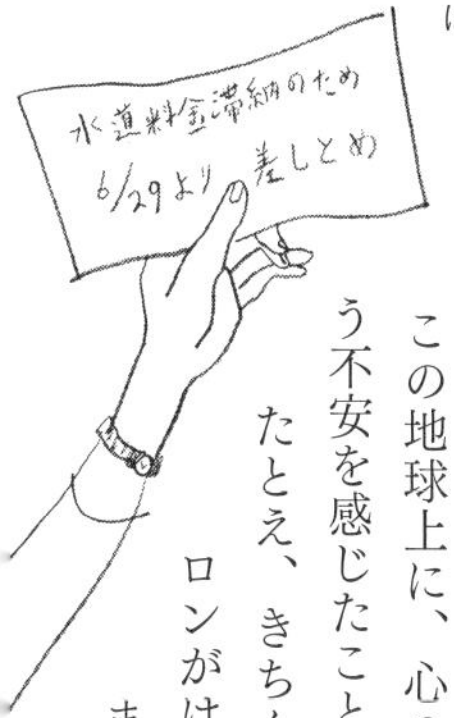

はじめに　Introduction

もしかしてあなた、本当は掃除が苦手で部屋がぐちゃぐちゃだったりしませんか？朝食と称して、電子レンジでチンした冷凍食品を食べていませんか？寝室の窓のサッシの溝で大量の羽虫が死んでいますけど、そもそもいったいどうしてそんなところに虫が入ったんでしょう？

年齢的には間違いなく「ガール」じゃなくて「レディ」なのに、それに見合った行動ができていない……そう、誰もが自分のことをそう思っています。

この地球上に、心の奥底で「私はいつまともな大人になれるんだろう」という不安を感じたことがない人なんて、一人もいません。

たとえ、きちんとゴミを分別して、センスのいいシャツにしっかりアイロンがけをしている人でも、そうなんです。

まわりの人はみんなきちんとしているのに、今月の水道料金の支払いをすませたかどうか思い出せなくてオロオロしているのは世界中で自分だけ、という誤った認識を抱いてしまっているのですから、なおさら不安はつのります。

他の人は……と見回すと、あの人もこの人もブラのストラップがはみ出ていないし、マスカラは目の下に落ちていない。「どうして私だけこんななんだろう?」「あの人は、きっと素敵なアパートメントとかっこいい仕事があって、スケートボードでコンビニに行かない恋人がいるんだわ……」

でも、その人だって、銀行口座に12ドル37セントしか残高がないかもしれません。トイレットペーパーを買い忘れて、ポケットティッシュで命拾いしたことがあるかもしれないし、お世話になった人へお礼のカードを出してないかも。あなただって、誰かの羨望(せんぼう)のまなざしを浴びている可能性が高いのです。

自分の不得意なことについては、手にとるようにわかります。そして、たった一つの「できないこと」(例:家の掃除、職場で堂々とふるまう、金色のクレジットカードを持つ)を「レディ必須科目」の第一位にしてしまうのです。**まあまあ上手にできることが一四個あるのに、それについては思い出せません。たった一つの不得意に、意識がいってしまうのです。**

年齢とともに、自然に大人になれる部分もあれば、自力では難しい部分もあります。私もかつて、いろんな人に助言を求めましたが、たいていは「うーん、それって、当たり前のことなんだけど」と前置きした上で、二〇代の人間が知らないとちょっと恥ずかしい「常識」を明かされたものでした。

たとえば私は、部屋をきれいにしておくのがものすごく苦手です。得意なことはたくさんありますが、すき間のホコリに気づくことは、そのカテゴリーに入りません。そもそもすき間に目がいかないし、見えないのです。お礼のカードを書くのは得意なので、私の場合は、お礼のカードの書き方よりも、すき間の見つけ方のほうを学ぶべきです。そして週に一度は「すき間チェック」を自分に課すべきなのです。

こういったささやかな発見と決断を積み重ねていけば、いつかレディらしくふるまえるようになります。朝にタバコを吸う代わりにトーストを食べる、といった「いい習慣」を育むのです。いい習慣は、たいていは楽しくないものです。でも、身につける努力と引き換えに、「**自尊心**」と「**経済的な安定**」と「**人生の舵とりができているという達成感**」が手に入ります。たとえば家のトイレットペーパーが切れたとき、もらいもののティッシュですまさずに、ストックしておいたトイレットペーパーにさっと取り替えることができればどうでしょう？

もちろん、自分の力でコントロールできないこともあります。経済力、恋人がいる・いない、飼い猫がよりによって白いラグの上で蛍光オレンジ色のゲロを吐くなど。

でも、自分でコントロールできることも、たくさんあります。その多くは、**自分の決断次第なのです。**

世の中には「世間の常識」というものが存在し、「知らない私はダメ人間」という思考回路に陥りがちですが、それは違います。**ボタンの縫いつけ方を知らなくても、世界の終わりではありません。**縫いつけ方を覚えればいいだけの話です。「できない」という事実に意識をフォーカスして、「どうせ自分はそういう人間なんだ」と落ち込まないで。**できないなら、覚えましょう。**そうすれば、ボタンつけが習得できるのみならず、レディとしての自信とパワーが手に入ります。さあ、前に進みましょう。本書のレッスンの中で、受講したいものを選び、一つずつ実践してください。マスターできたら、自分が新たに手に入れた「大人スキル」の数々に、うっとりすることでしょう。

日々の小さな決断を正しく積み重ねるという行為が、本物のレディをつくるのです。レディらしい行為は、訓練で身につけることができますし、具体的なやり方が存在します。もしも、うっかり朝食にダイエット・コークを飲んでしまっても、レディ失格ではありません。反省して明日は牛乳を飲めばいいだけのことです。

◎この本の作者について

ここで少し私の話を。

私はケリーと申します。20代後半で、新聞社の記者をしています。赤毛です。告白しておきますと、私自身、正真正銘のレディというわけではありません。それなりに自分に満足していますし、着実にステップアップしていますが、お手本には程遠い存在です。マーサ・スチュワートのような超スーパー主婦ばりの完璧さはありませんし、ケーブルテレビの支払いの催促の電話がかかってきたり、シンクが汚れたお皿でいっぱいになることもよくあります。

そんな私にアドバイス本を書くようにすすめてくれたのは、友人のルースです。そんなのムリよ、皿洗いが苦手だし片付けが下手だし、と、自分のおよそ大人らしくない数々の短所を思い浮かべて、とてもじゃないけど「人様の人生を指南する立場じゃない」と最初は思いました。

だけど私は記者という職業に就いているのだから、優秀な人たちを自分で探して、質問して、アドバイスをもらって、それを文章にまとめることならできる。そこで、「取材プロジェクト」として取り組むことにしたのです。

その結果がこの本です。私自身の6年分の経験も取り入れましたが、ほとんどは人からいただいたアドバイスです。名前入りで引用したものが大半ですが、匿名を希望する人もいました。飲み屋で見知らぬ人から思わぬ知恵を授けられ、名前を確認できないまま、エッセンスを取り入れた部分もあります。まさに酒場は知恵の宝庫です（しらふではないですし、カラオケの順番がまわってきて、ぷっつり話が途切れることもありますが）。

◎本書の使い方

この本には350個のレッスンがありますが、すべてを網羅する必要はありません。シーツを一カ月以上洗濯していないことが人間性を決めるわけではありません。自分の人生には関係ない、やりたくない、という項目は飛ばしてください。どのレッスンにも「世界中の平和のためにデモを！」的な緊迫した重要性はありません。

また、すべてのレッスンを一晩でマスターしようと思わないでください。

そんなことは不可能です。

すでにできていることもあれば、一生できないこともあるかもしれません。それでいいんです。「できないことがある／まだしていない」ことをコンプレックスに感じないでください。

できたときには自分をほめてあげましょう。苦手なことは可能なら修正し、「たやすくできない／決してできない」という事実を受け入れてください。

世の中には、理不尽でややこしくて、手ごわいことがたくさんあります。でも、**自分自身の言動や態度を変えることはできます。**そこに、本書のポイントがあります。レディらしい言動ができる人が、レディなのです。あなたがどこの誰でも、必ずレディになれます。

Discussion Question

考えてみて!

1

目の下に落ちたマスカラに名前をつけるとしたら、

「悪魔のコショウ」

「負け犬のショウコ」

のどちらがいいと思いますか?

2

他の人は全員知っているのに自分だけが知らなかった、という経験はありますか?

知ったかぶりをしたけれど、実はなんのことかわからなかった、という具体例を書き出してみてください。

3

レディとして最悪の失敗は?　正直に答えてみて。原因がお酒だったというなら、もしかしてココナッツフレーバーのラム酒?

……実は私もです。

目次

chapter
3

chapter 4 仕事

やりたい仕事をして、同僚と寝ないような
服を着て、職場の嫌な人を寄せつけない！

chapter 8

恋愛

chapter
9

chapter 1 心がまえ

本書に主に書かれているのは、世の中と上手に関わるための実践的なアドバイスです。

たとえば、部屋のテーブルは水拭きしましょう、とか、厄介なボーイフレンドと別れるにはどうすべきか、など。

レディになるために必要なのは、知識よりも実行です。

やる気はもちろん大切ですが、意志があっても実行に移さなければ、結果につながりません。お礼状を出そうと思いつつ出さなくても、はなから出す気がなくても、先方がお礼状を受け取らないという事実は同じなのです。

大切なのは、意志よりも行動です。

でも、実践例に入る前にいくつかの心がまえについてお話ししますね。

lesson 1

「自分は特別な人間じゃない」という事実を受け入れる

自分は特別じゃない。 レディになりたいなら、この事実を受け入れることが何よりも大切です。そして、一番難しいことかもしれません。

もう一度書きます。あなたは特別な人間ではありません。

遅れてごめんねー
でも私、時間に縛られない人じゃん？

lesson 2

そんな自分を「特別に扱ってくれる人」を大切にする

だけど、あなたは誰かにとっては、特別な人間です。

たとえば両親にとって、わが子は地球上で一番魅力的で才能にあふれた人間です。大切な友人や先生、パートナーもこの意見に賛成するでしょう。もしも「あなたを讃（たた）えるパレード」があれば、こういった人たちが横断幕をかかげ、楽隊のリーダーやバトンガールをつとめてくれます。だからあなたも、どんなときでもその人たちの応援団長になってください。

自分のことを高く評価してくれる人は、貴重でかけがえのない存在です。絶対に大切にすべきです。世の中の大多数の人にとって、あなたはどうでもいい存在なのですから。

世間から冷たくされても傷つかない

ガッカリすることではありません。**世間は、あなたを嫌いなのではなく、単にあなたの存在を知らないのです。**あなたが何を求め、何が好きで、どんなものに不満があるのか、ということに世間は無関心です。

新しい職場や地域に足を踏み入れるときは、ゼロからのスタートです。友人や家族が支えてくれる故郷には、もう頼れません。新しい環境で、親しみと尊敬を持てる素敵な人に囲まれて生活できるかどうかは、あなた次第です。

誰かに気にかけてもらうには、まず自分からメッセージを発し、気にかけるだけの妥当な理由を相手に与えなければなりません。また、親のような愛情や親友のような感情的サポート、小学校時代のサッカーコーチのような前向きな評価がもらえると期待しないこと。相手にはそうするだけの理由がないのですから。

自分が手にしたものはすべて「自分の行動の結果」と考える

社会人になる前は、トントン拍子にことが運んでたちまち出世するサクセスストーリーを思い描くもの。でも、たいていは壁にぶつかって痛い思いをします。

憧れの〈ニューヨーク・タイムズ〉に入社できずに、ミシシッピ州の地元紙の記者になるとか。〈南部貧困法律センター〉で正義のために華々しく活躍するべく法科大学院を卒業したのに、気がつけばルイジアナ州で弁論趣意書のコピーとりをしているとか。大学を卒業した直後は、かなりの確率で多少の期待外れを感じるものです。

でも、たとえ三流であろうと、それが今の自分の立ち位置なのです。恥ずかしいことでも、落伍者になったわけでもありません。スタートラインに立ち、ゼロからスタートを切ったのです。少しでも前進したら、それらはすべて、自分の実績です。**今後は、親の職業も収入も関係ありません。稼ぐのは自分自身。**自分が運命の舵をとるのです。たとえ現時点ではゴージャスな船に乗っていなくても、素晴らしいことじゃないですか！

lesson 5 パーフェクトでない自分を受け入れる

たとえば私の場合、家の中のモノをきっちり収納棚におさめられたためしがありません。とにかく整理整頓が苦手なんです！　だから、整理術のブログに自分の部屋との違いを見せつけられて落ち込むのは、健康的な時間の過ごし方ではないと思っています。

「何もかも上手にできるわけじゃない」と認めることが、精神的にバランスのとれた人間になる近道です。不得意なことは、誰にでもあります。苦手な分野は、自分にできる範囲でやればいいのです。無茶な目標を設定して自分を追い詰めないこと。できた自分を誇りに思ってください。

lesson 6 悪趣味なものでも言い訳せずに楽しむ

私は〈ブリトニー・スピアーズ〉と〈フォーエバー21〉の大ファンです。ちょっぴりエッチなダンスポップミュージックも、そういうタイプのお洋服も大好き。「ちょっと低俗だし、好みというより流行のリサーチなの……」なんて皮肉ったり、自分に言い訳するのはやめましょう。別にいいんですよ、かっこつけなくても。**好きなものは**

lesson 7

心から楽しみましょう。「恥のブーメラン」を投げない

正式名称は「恥、不安、後悔、恐れ、あらゆる醜い感情のブーメラン」ですが、長すぎるので、「恥のブーメラン」と呼ぶことにします。

全体のプロセスはこんなふうです。

恥ずかしい事件が起きる（ブーメランを投げる）↓　嫌な気持ちになる↓　忘れかけるか気を紛らわせる↓　「恥のブーメラン」が戻ってくる↓　一日中、「嫌な気持ちパートⅡ」に苦しめられる

ネットで知り合ったエミリーが、このブーメランをやっつけるための素晴らしい対策を伝授してくれました。

❶ 問題があることを認めて、それを正すための手段をとる

❷ どうすれば同じ過ちが回避できるかを突き止める

❸ 「恥のブーメラン」が戻ってきたら、おまじない的な言葉（例：「もう終わったこと、もう二度としない」）を唱えてから、気を紛らわすために頭の中でゲームをする（たとえば、三匹

の野良猫の子どもに名前をつける、など）

そして、私から一つ追加します。

④ もう二度と同じ間違いをしないように本気で努力する。何度も繰り返すようなら、再度自分を見つめ直して、理由を分析する

lesson 8

不安や怒りを書きだしてみる

大切な人を亡くした人を専門にカウンセリングするスーザンからのアドバイスです。

不安や怒りを感じている人に効果的なのが、「自分の中の不安や怒りの円」を認識することです。大きな円を描いて、その中に小さなこと（前髪がはねて困る）から大きなこと（地球温暖化！）まで、あらゆる心配ごとや怒りのタネを書いてみましょう。

この大きな円の中に別枠で行動の円をつくって、気になっているけどやっていないこと（部屋が散らかっている、親に一カ月電話してない等）を書きます。

行動の円の中身は、自分の力で変えられます。ここを変化させる努力をしましょう。そうすれば、自分が人生の主導権を握っているという自信につながります。

lesson 9

「本当はやめたいこと」をリストアップする

「このままではよくない」とわかっていながら、続けていることがありませんか？

たとえば、

- 大好きだけど人生を預けたくない恋人との交際
- 喫煙
- 昇進の見込みが（ほとんど）ない仕事。過酷な出世競争に参戦したい！　とまではいかなくても、たいていの人は、今よりやりがいと給料が多い職に就きたいと願っているものです
- 飲酒の問題を抱えているなら、できるだけ早く対処すべきです。20代前半の頃は深酒が平気でも、年齢と共に酒に弱くなり、二日酔いがつらくなります。お酒に弱くなる日は、ある日突然やってきます。おそらく神様が、35歳

の人が午前3時まで飲んで人生の選択を間違わないように守ってくれているのでしょう。歳と共に酒の量が増える人は、何かがおかしいと疑ってみましょう

一人でも堂々とする

ランチ、バスの停留所、買い物、パーティ……さまざまなシーンで「おひとりさま」でも平気になりましょう。誰かにジロジロ見られたら、

「まあ大変、あの女の子、友だちもパートナーもいないのね。驚いちゃう。誰にも気にかけてもらえない人生を、どうやって乗り切ってきたのかしら？」……と思われていないかと、不安になるかもしれません。

でも実際の相手の頭の中は、こんな感じです。

「どうしよう、ヘアアイロンの電源、切ってきたっけ？　ローラはどこかな、もう来てるはずなのに。あの車って大嫌い。醜い巨大なナスみたいな形なのに、どうしてあんなに人気があるの？（……要するに、あなたの存在にも、一人で来ていることにも、関心がない）」

あなたはこれから一生、自分を道づれに生きていくのです。一人でいる時間を楽し

めるように努力しましょう。

一人のときは、居心地よさそうにしましょう。ソワソワ、モジモジしない。退屈なムダ話に付き合ってくれる人を必死で探さない。救いを求めてキョロキョロしない。堂々と一人でいてください。

lesson 11 あれもこれも「半年たったら忘れる程度のこと」だと気づく

ショックな事件が起きたときは、**「半年先まで覚えているかな？」と考えてみてください。**ほとんどのことは、半年先には忘れています。たいていは、「6日限りの問題」か「6分限りの問題」です。「半年後には忘れていそうね」と思えたら、心が落ち着きます。「いいえ、覚えている！」と思ったら、気持ちを切り替える最大限の努力をしましょう。

lesson 12 妄想にとらわれず、シンプルに考える

私はしょっちゅう、「重篤な病もどき」に冒されます。「これは鼻風邪じゃない。細菌性髄膜炎だわ！」「もうすぐ死ぬのね！　あの人もこの人も、どんなにショックを受けるかしら」「みんなが悲嘆にくれるお葬式のスピーチで、どんな話題が出るかし

ら?」……ところが病気が治ると、そんな恐ろしい妄想など、すっかり消えてしまいます。そしてまた体調を崩すと、「これは頭痛じゃない、脳腫瘍だわ!」「いいえ、サナダムシが頭の中に入ったのかも!」とパニックになるのです。

以前、蚊に刺された腕が膿(う)んで、その傷がCNNのニュースで見た「抗生物質が効かない人食いバクテリア」にそっくりだったことがありました。私は緊急救命室に駆け込む前に、医者である知人に電話をかけました。

幸いなことに、電話に出た奥さんが、絶妙なことわざを引用してくれました。病気だけではなく、さまざまな問題に応用できる言葉です。

「ひづめの音が聞こえたら、おそらく馬よ、シマウマじゃなくて」

要するに、**「もっともシンプルな解釈がたいていは正しい」**のです。

焦りのあまり、「シマウマ」を予測しそうになったら(今朝は上司が静かだから、きっと私をクビにするつもりなんだわ……)、「馬」の方向にハンドルを戻してみて(きっと、忙しいか疲れているのね)。

lesson 13

「自業自得」の結果を予測する

子どもの頃、悪いことが起きたら「自業自得」と親に言われたものです。反省能力が4歳児並みの私は、今でもこのコンセプトを応用しています。

自業自得とはつまり、親が手を下すまでもなく、宇宙の力が罰してくれるということです。金欠なのに散財すれば、遊びに行けなくなりますし、職場の人と肉体関係を持てば、会議で向かい側に座るたびにフルカラーの記憶がありありとよみがえって苦しむ羽目になります。

私は、同じ間違いを繰り返さないために、何かあると条件反射的に「自業自得になるよっ！」とつぶやくようにしています。

lesson 14

もう家にはママも召使いもいない

選ぶのは自分です。朝起きてベッドを整えるかどうか（レッスン71）。ペーパータオルを買うか買わないか。どちらの選択肢をとっても、人格の優劣に影響しません。でも、きちんと整えたベッドで眠りたいなら、**その作業をするのは世界の誰でもない自分自身なのです。**この真理は、非常に多くのことに当てはまります。

lesson 15

鏡の中の自分と「リアル・トーク」をする

「リアル・トーク」というR・ケリーの歌を知っていますか？　誰でも、たまには自分と「リアル・トーク」をする必要があるはずです。

鏡に映った自分の目を見て声に出して言うと、不思議なぐらい説得力があるものです。

「彼とはもうおしまい。終わらせなきゃ」

「今は職場で泣いちゃだめ。大人なんだから、冷たい水で顔を洗って気持ちを落ち着かせてから、平気な顔で外に出よう」

「自分の要求ばかり主張しない。他の人の要求も同じぐらい重要」

認めたくない現実を直視できますし、嘘や本音を、他人ではなく自分に向かって言うことの大切さがわかります。

ちなみに、「リアル・トーク」と「自分を責める」ことは、まったく、全然、違います。不必要に自分を責めて落ち込むような必要は、まったく、全然、ありません。

lesson 16

悪いことが起きたとき「自分のせいじゃない理由」を考えない

悪いことが起きたのは、誰のせい？　たとえば、

- 自分
- 別の人

- 神様の意地悪か運命のいたずら
- 雑多な要因

でも、あなたが実践的な教訓を学べるのはどんな場合？

- 自分が悪いとき
- もろもろ混合

誰かのせいにする前に、そこから何が学べるか、または何を学ぶべきかを考えて！

lesson 17

「もらう」より「与える」に慣れる

大人になるにつれて、自分中心から他人を思いやる方向にシフトするのは自然な流れです。

子どもの頃は、愛情を注いでもらうばかりで、何の見返りも期待されませんでした。でも、これからは違います。この比率が変わったことに、気づける人になりましょう。

気づかないのは、「一緒にいて楽しくない人」です。

Discussion Question

考えてみて!

1
過去最悪の「恥のブーメラン」はどんなことでしたか?

2
「特別ちゃん」の意識が一番少ない知り合いは誰ですか?

3
今日はベッドを整えられましたか?

chapter 2

演技

心がまえが整ったところで、「レディに見せるコツ」を覚えましょう。きちんとした人のフリをするのです。

「ちょっと待って。フリじゃ、ダメでしょう?」

いいんです。「フリ」の重要性は、もっともっと評価されてもいいと思います。Chapter 1を覚えていますか? 「意志があるけど行動しない」は、「意志も行動もない」と結果は同じなんです。**うわべだけでも爽やかに礼儀正しくふるまうと、他人から見たあなたは「爽やかで礼儀正しい人」なのです。**

見た目や印象をとりつくろうのは、人間が心穏やかに暮らし

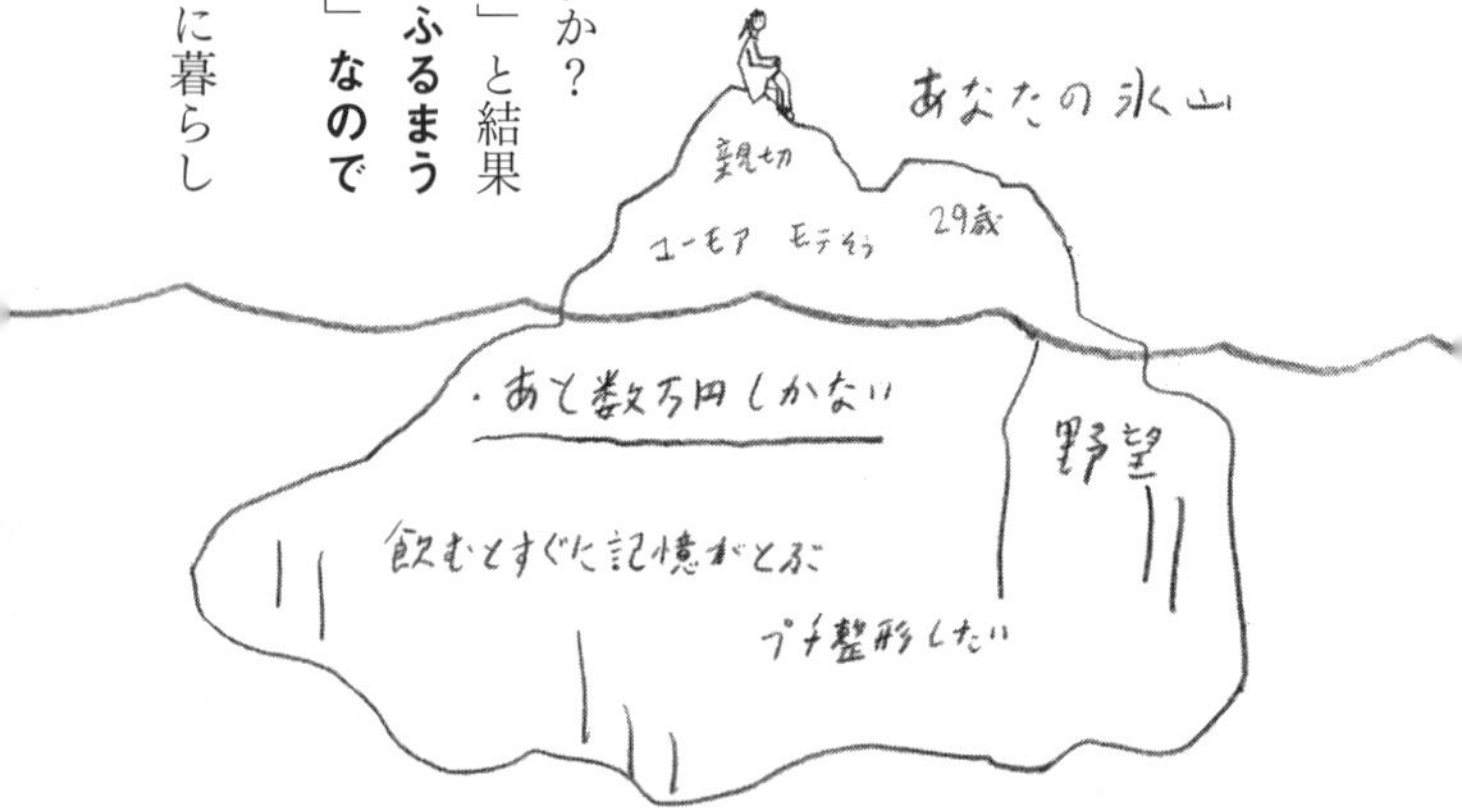

ていく上で必要な作法です。誰も彼もが本音だけで生きていたら、世界中が大人の身体をした2歳児だらけになってしまいます！「賢く魅力的な人になりたい」と思ったら、まずは賢く魅力的な人のフリをしましょう。

lesson 18 「世間に見えるのは自分の外側だけ」と心得る

つい忘れがちですが、これは事実です。心のつぶやきは、自分以外には聞こえません。高校時代の思い出も、泣いた後に顔が真っ赤になることも、朝何をしていたかも、10分前にどこにいたかも、世間は知らないのです。**彼らに見えるのは、今その瞬間の自分のうわべだけ**。だから、うわべを整えるのは大切ですし、意外に簡単にできます。

lesson 19 口のききかたに気をつけて！

失言をして、口に手を当てた経験はありませんか？ 謝っても、なんとなくわだかまりが残る……嫌な気分ですよね。

私もしょっちゅう失言をしますが、**年齢を重ねるにつれて、必ずしも本音を言わなくていいことがわかってきました。**

ヒップホップの歌詞にもよく出てくる「WATCH YOUR MOUTH（口のききかたに気をつけろ！）」は、常に肝に銘じたいフレーズ。**頭に浮かんだことをすべて外に出す必要はありません。**これで「しまった！」と後悔することが、格段に少なくなります。

lesson 20 地域、国、世界の情勢に気を配る

エストニアの議会選挙の最新情報を把握しなさい、とまでは言いません。でも、大人なら、ドイツの首相の名前やNATOの正式名称、法案が法律になるプロセス、与党と野党の違いぐらいは知っていたいところ。それぞれの党首の名前、地方議員の大まかな仕事と選挙の仕組みも、です。関心がないからといって無知の理由になりません。

私は、動物を政党にあてはめる（猫は君主主義者。ラブラドルレトリーバーはリベラル思考。アライグマは無政府主義者）といった、くだらない議論をするのが好きです。アフリカの現状のような「深刻かつ重要な問題」に切り込もうとは思いません。でも、苦手な話題だからという理由で、興味のない出来事を知る責任から逃れるわけにはいかないの

です。

時事問題に通じていると、人間としての魅力が増し、失言を最大限に抑えることができます。私は以前、カリブ海のプエルトリコから来た人に「アメリカの印象は?」と訊ねてしまいました（同席していた全員から即座につっこまれましたが、プエルトリコはアメリカ自治領です）。

まずは自国と地域の政治、地理に精通すること。そして、世界情勢に目配りすることも忘れずに。

lesson 21

髪の毛をブローしながらニュースをチェックする

朝、身支度をしながらテレビかラジオのニュース番組をつける習慣を身につけましょう。髪をブローしながらだって、リビアの政情不安について知識を仕入れられます。

lesson 22

バカなニュースの受け売りじゃなく、自分の意見を持つ

世の中には、ニュースや政治、その他の情報について、自説をふりかざすことに心血を注ぐ人がいます。「権威」「コメンテーター」「アナリスト」「コラムニスト」と呼

ばれる人たちです。彼らは「ジャーナリスト」とは違いますので、混同しないように。

自分の見解を持つのは大切です。ただし、**事実関係をすべて頭に入れて理解し、自分の価値観のはかりにかけて、初めて自分の意見になります。**メディアや親や恋人の意見をうのみにし、誰かの受け売りをあたりかまわず話すというのはダメなパターンです。

ニュース番組を観るときは、それがまっとうなニュースか、単に意見を押しつけあう集団が叫んでいるのかを見分けるべきです。後者の場合は、観ると頭が変になりますから観ないようにしましょう。

lesson 23

「酔って男を引っかけるだけのパーティ」は卒業する

大学生のパーティと大人のパーティはまったくの別物です。仕事がらみでない友人が主催するホームパーティでは大いにはじけて結構ですが、**世の中には、酔っ払って男がくっつくことを目的としないパーティがたくさんあります。**

家族ぐるみの友人ボニーは、人を楽しませ、リラックスさせる達人で、一緒にいると自分まで「上質な人間」になったような気分にさせてくれます。そんな彼女からの、社交場での会話のコツや決まりごと、素敵なパーティの招待を受ける方法、服装などのアドバイスは次の通りです。

lesson 24 誘われたら「イエス」か「ノー」以外の返事をしない

誘われたら、答えは三通りです。

1. イエスと言う
2. ノーと言う
3. 「嬉しいわ、でも予定を確認させて」と言って、24時間以内に❶または❷の返事をする

おわかりですね、❹の選択肢はありません。「たぶん」はだめです。なぜなら、**「たぶん」の裏には多くの意味合いがあり、どれもこれも喜ばれないものばかりだからです。**多くの人は「たぶん」という言葉を次のような意味にとります。

- 「他に何も予定が入らなければ行こうかな」
- 「あなたからの誘いは、前もって予定に入れるほど重要だと考えていないの」
- 「私は変人だから、午後に予定を入れても起きられるかどうかわからないわ」

実は私は、即答するのが下手です。

誘いを断るのが申し訳ないので、「ノー」を言うより「返事をしない」ほうがましかもと考えてしまうのです。

でも、それは間違いです。断ったとき、相手は少し残念がるかもしれません（でも、正直あなたの行く・行かないで相手が予定を変えるわけではないし！）。だけど、何も返事をしなければ、残念に思われる上に「無礼で変人」という印象が加わることになるのです。

あなたのイエスかノーかの悩みなんて、ホストの手間暇の大きさに比べたら、ちっぽけなもの。なのに、「どちらも選ばない」なんて失礼過ぎます。

結婚式のように、ホームパーティよりもはるかに期待度の高い招待を受けたら、次の点を考慮して返事をしましょう。

- 自分の返事が予算やプランに影響を及ぼす？（結婚式やフルコースのディナー）
- 招待客は一五人以上？　一五人より少ない人数だと一人の欠席が目立つので、連絡は早めに
- 送別会など、会うのが最後になりそうな会は、大規模なものでも即刻返事を出す

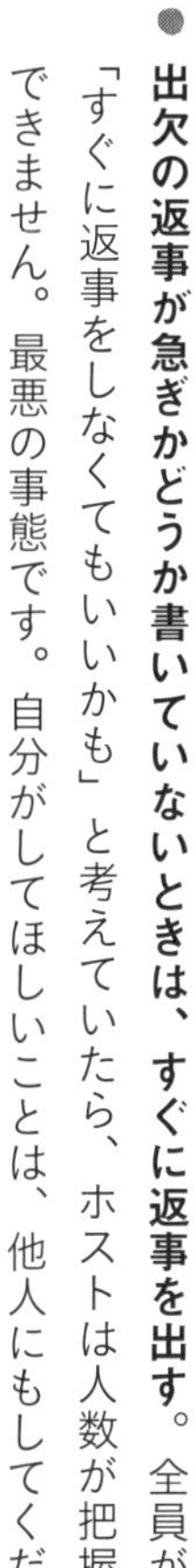
●**出欠の返事が急ぎかどうか書いていないときは、すぐに返事を出す。**全員が「すぐに返事をしなくてもいいかも」と考えていたら、ホストは人数が把握できません。最悪の事態です。自分がしてほしいことは、他人にもしてください。即刻返事をすること

lesson 25

気乗りしなくても、なるべく行く

パーティを主催するのは、とても大変な作業です。こだわりのある大人のパーティならなおのこと。がんばって努力をしてくれる人が、あなたに来てほしいと誘ってくれているのです。ほんの数時間じゃないですか。だけど、どうしても行くのが嫌で、重い足を引きずるように出席するのなら……友人のサラは、こんな工夫をしているそうです。

「ベビーシャワー（出産前パーティ）に出たら、帰りに自分へのごほうびとして、サロンでペディキュアをするわ。もしくは、『三人と話したら帰ってもいい』って前もって決めておくの」

気の進まないパーティでの心がまえ

がんばりましたね。ちっとも行きたくないのに我慢して出席しました。他人を思いやることができて偉いです。「晩餐会じゃないんだから途中で帰ってもいいんだ」と自分をなぐさめてください。

気の進まないパーティでのふるまい方のコツをお伝えします。**まずは、時間きっかりに出席する。ホストは安心しますし、あなたの社交性を評価します。**最低30分は参加して、少なくとも三組のグループとおしゃべりしましょう。

その後さりげなく、すぐに帰らなければいけないことを伝えます。このとき、心から残念そうな声を出すこと。ああ、みなさんと永遠にここにいたいのに、といわんばかりに、です。**長居ができない理由は話さないで。**「もう帰らなくちゃ。素敵なパーティだったわ」とだけ告げましょう。

＊一般的に、説明を細かくすればするほど、嘘っぽく聞こえるものです。なぜ帰るのか、この後こういう用事があって、本当はそんなことしたくないし残りたいけれど……などは言わない。「ごめんなさい、帰ります」だけで終わりにしましょう。もしも理由をきかれたら（普通はきかれません）、「約束があるので」とだけ答えましょう。**「いたくない場所に長居しない」という自分との約束であることは、先方は知る必要がありません。**

lesson 27 魅力的な人たちにビクビクしない

気がつけば、「ありえないレベルの場所」に来ていることもあるでしょう。意外な人からパーティのタダ券をもらったとか、セレブらしき人と付き合っている友だちの友だちから誘われるなど。楽しくなりそうですね。

こうした場では、他の招待客にビクビクすることはありません。一般的に、セレブの実生活はそれほど華やかではないものです。それに、ジロジロ見たり、特別扱いをすると、嫌な気分にさせてしまう可能性が高いです。

同様に、あなたも自分を卑下しないこと。普段は絶対に付き合わない人種の集まりであっても、堂々としていてください。ボニーはこう言います。「自分の名前が同じ招待客リストに載っているんだから、同格なのよ」

lesson 28 初めてじゃないようにふるまう

ボニーの言葉をそのまま引用します。私はこの名言を、人生のさまざまな局面で活用しています。

「いかなるイベントや状況でも、初めてじゃないようにふるまって。田舎から来てワ

クワクしている小さなネズミみたいじゃなくて、その場にふさわしい人のようにふるまえば、周囲の人も、そう扱ってくれるのよ」

知らない人ばかりでもビビらない

どうしてバーやパーティでは、たった3分間でも一人でいるのが苦痛なんでしょう。みんなに見られているような気がして、「私には友人がいない、社交性がない、孤独だ、私はこうでああだから人を寄せつけないいんだ……」などとクヨクヨと考えてしまいます。

でも実際には、**あなたが一人で来ていることに、周囲の人が気づいていない可能性が大です。** いいえ、あなたの存在にさえ（レッスン10を参照）。

不安な気分を和らげたいなら、トイレ、料理が並んだテーブル、カウンター席など、会場内で、他人と並んで立てる場所に行って、近くの人に感じよく話しかけてみましょう。**同じパーティに出席しているのですから、すでに共通点はいくつもあります。** 話題はそこから始めましょう。話しかけた相手と会話がはずまなければ、切り上げて別の人を目指せばいいだけです。

相手の名前を忘れたときに言わせる方法

名前を覚えるのが苦手、という人もいるでしょう。実は私もそう。名前を聞いたとたん、頭の中にさーっと雲がかかります。名前を覚えてもらえないほどつらいことはないはずなのに、申し訳ない限りです。「あの人って覚えてくれないのよ！」がほめ言葉になることは、まずありません。

名前が思い出せず、相手が言ってくれる気配もないときは、知り合い（○○さん）が会話に加わるのを待ちましょう。そして名無しさんに向かって、「あれ？　○○さんと知り合い？」とたずねるのです。あとは○○さんにまかせましょう。

電話番号を教えてくださいと言って、携帯電話を取り出すタイミングで綴りをたずねるという手もあります。何をやってもダメなときは、名前をネタにした会話（例：「私、ケリーという名前じゃなくてエスメラルダだったら人生が違ったと思うの」）を始めると、たいていの人は名前を言ってくれます。

lesson 31

「話す」よりも「聞く」を多くする（カニ作戦）

聞き上手な人は好かれます。どんな人も、自分に関心を持ってもらえると嬉しいも

のです。「こんな興味深い人見たことない！」という感じで接すると、相手が興味深い人に変貌します。この世のすべての人には、語るべき言葉があります。誰もが「最高に幸福な瞬間」「最悪に悲しい瞬間」を経験していて、あなたが知らないことを知っているのです。

ここはぜひ、**相手をカニだと思ってください。あなたの仕事は、おいしい情報＝身をすべて（なかなか出てこないところも含めて）取り出すことです。**

lesson 32 信仰や思想については話さない

熱心に信仰している宗教がある、数霊術に凝っている、蠍（さそり）座の人とはデートをしない主義など、たとえ自分が情熱を注いでいる信条でも、一般的に関心が薄そうな話題であれば、向こうからたずねてこない限りは黙っておくこと。たとえ質問されても、短い答えに留めましょう（相手が本気で深く掘り下げたがっている場合をのぞく）。

相手の反応は、次の二つのどちらかです。

❶ 賛同する。そうなれば嬉しいし、一瞬の連帯感を味わうことができます

❷ 退屈する、または怒り出す

「退屈する」と「怒り出す」は、会話における最悪の反応です。だから、**危**

険な賭けはせずに話題を避けるのが賢明です。

ボニーが的を射たコメントをくれました。

「自分の強いこだわりについては、話題にするべきじゃないわ。講義をする先生みたいな口調になるから。**『情報』は分かち合うものだけど、『情熱』は要注意よ**」

相手の外見を話題にしない

当たり前のことなのに、意外とやってしまう失敗です。人の外見を話題にするのはよくありません。妊娠している、日焼けしている、疲れて見える、など何の問題もなさそうなことも、本人が切り出すまでは話題にしないこと。なぜなら、妊娠ではなく単にふっくらした体型だったり、もともと色黒だったり、元気なのに生まれつきそういう顔立ちだったり、という可能性がないとは限らないからです。基本的に**出くわす女性は「全員、妊娠していない」と思うこと。**妊娠している女性は、たいていは10秒おきにそれを話題に出しますので、謎が解けるのに時間はかかりません。

片腕にギプスをはめているなど、明らかに怪我とわかる場合でも、話題にしないこと。相手はギプスの話にうんざりしているはずです。「スーパーの駐車場でつまずいて転んで肘の骨を折っちゃってね。いや、酔っ払ってなかったけど」のような会話を八週間も繰り返していたら、いいかげん嫌になるものです。

怪我の話をしたがるタイプの人なら（本来は避けるべきです。レッスン36）、あちらから話題を出してくるはずです。

相手の「外見」ではなく「活動」について話題にする

たとえば、**背の高い人に「背が高いですね」と言わないこと。**

人生は往々にして、遺伝子の組み合わせや運命など、人知の及ばない作用によって形作られています。背が低い高い、カナダ出身、ゲイ、アジア人、両親が裕福、髪が赤い——それらは、自分で選んだり、育んだり、目標に向かって努力した結果ではありません。

その人のよさや価値を決めるのは、生まれ持った特徴ではなく、人生で何を選び、何をしたかです。 たとえば私は、「赤毛がキュートね」とほめられるよりも「文章が上手いね」とほめられるほうが嬉しいと感じます。なぜなら、髪の色は遺伝子の組み合わせですが、文章は私が必死で努力していることだから。両方ともほめ言葉ですが、後者のほうが私にとってははるかに大きな意味があります。

生まれつきの特徴を、喜んだり誇らしく思ったりするのがいけないわけではありません。**ただ、自分が選び努力した結果こそが、評価の対象であるべき**ということを忘れないでください。

lesson 35 過去を詮索しない

つらい経験をしたことが推測できる個人情報を明かされても、詮索しないこと。「母はもう亡くなっている」と言う人に、死因をたずねてはいけません。「ニューオーリンズ出身です」と言う人に、ハリケーン・カトリーナの話題を出さない。「ニューヨーク市出身です」という人に、911の日にどこにいたかとたずねてはいけません。**世間話の流れで明かした個人情報は、悲しみや苦痛を蒸し返すスイッチではないのです。**その話をしたければ、相手から切り出すでしょう。

逆の立場で、詮索めいた質問をされたら、「とてもつらい思いをしたので、普段は表立って話さないんです」と答えましょう。小うるさい人には、いいクスリです。

lesson 36 自分の「身体の不調」を話さない

病気の話や、排便関連の悩みなどを事細かに報告されて、うんざりせずに楽しく聞けたことはありますか？　一度もない？　それはおそらく、身体トラブルの話が、人を不愉快以外の気分にさせることは、まずないからです。この法則を肝に銘じましょう。

咽頭炎で苦しかった話を伝えるときは、短い報告にとどめましょう。自分にとってはめくるめくストーリーでも、他人は興味ありません。質問も出ないでしょう。他人の喉の感覚なんて、さっぱりわかりませんから。

ただし、親友や大切な人から病気の話を打ち明けられたら、大いに歓迎しましょう。親しい人になら、自分の病気の話も聞かせて大丈夫です。スーパーのレジ係や同僚や通行人に、アキレス腱を痛めた話はしないこと。要するに、**身体にまつわる話題は世間話にふさわしくないのです。**

lesson 37

知らない人にいきなり「悩み相談」しない

退屈すぎます。つまらないことをしないで。

lesson 38

初対面でいきなり「深刻な話題」をふられたら礼儀正しく逃げる

ボニーからのアドバイスです。「そういう人は、マナーを知らないか、本気で助けを求めているかのどちらかよ。あなたのほうも、相手がどちらなのかを判断する必要があるわ」。

会話がドツボにはまったときのレスキュー法

誰かがあまりにもひどい発言をして、会話が一時停止したときに使えるレスキュー法をお教えします。苦しくぎこちない空間に全員が固まってしまったら……

ひと呼吸おいて、「先ほどの誤った発言に一瞬たじろいだ」というポーズをつくります。その考え方や感情から自分は距離を置きますよ、という意思表明です。その後、少し同情をこめて「今のは、そんなつもりじゃなかったのよね」と言ってから、ただちに話題を変えます。

「今のは、そういうつもりじゃなかったのよね。それはそうと、聞いてよ、みんな！言い忘れてたけど……（と、自分の明るいニュースを報告する）」

この方法で、会話に加わっている全員を、さっきの発言からはるか数光年かなたの安全圏へと連れ出してください。**ちょっと強引な流れでも意図は伝わっているので大丈夫です。** ひと呼吸おいてさらりと流し、別の話題へゴー。失言に直面したときの最良の行動です。

lesson 40

失言をしたら謝って、すぐに話題を変える

それしか方法はありません。心をこめて「ごめんなさい……そういう意味じゃなかったの」と謝りましょう。相手の返事を待ち、必要なら重ねて謝罪してから話題を変えましょう。発言を正当化したり言い訳をしたりするのは逆効果です。その間、**会話に加わっている全員が、自分がつくりだした怒りに満ちた空間の人質になっているのをお忘れなく。**素早く話題を変えるべきです。

lesson 41

相手を怒らせる可能性がある発言は、「サンドイッチ作戦」で

耳が痛い話をするときのサンドイッチ作戦。

お世辞のパン「優しいわね、心配してくれてありがとう」

本音の肉「すごくプライベートな話だから、今は話したくないの」

親切のパン「あなたはいい友人ね。私のことを気にかけてくれてありがとう」

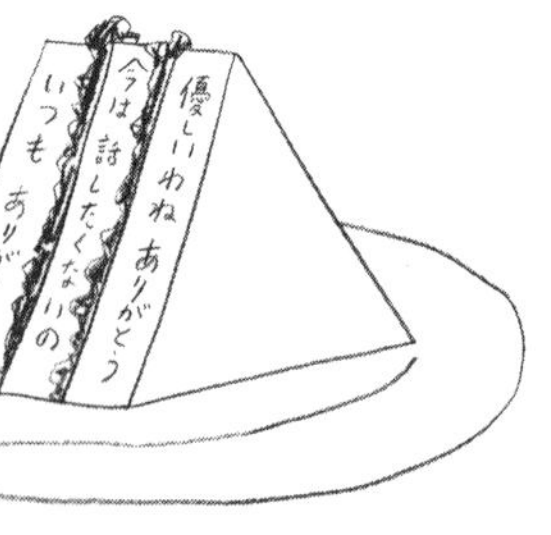

他人のセックスライフに関心を持たない

……自分とセックスをしている相手の話なら別ですが、その場合は「他人のセックスライフ」ではなく、「あなたも参加しているセックスライフ」になりますね。

品格のある会話の達人「ミス・マナー」に話を聞いてみましょう。彼女にこんな質問をした人がいました。「友人から、同性愛者のカップルを紹介されたら、どんな話をすべきですか?」

ミス・マナーは、トゲのある素晴らしい答えを返しました。「まずは『こんにちは、初めまして』と言うべきでは?」

彼女は、こんなことも言っています。「世の中には二通りの人間がいます。一方は他人のセックスに興味がある人。もう一方は興味がない人です」。

以下のようなことは、興味を持つ必要がありません。

- 誰と誰がセックスをしているか
- ベッドでどんなことが好きか
- 何人と寝たか
- 他人の性的嗜好。とりわけ本人がカミングアウトをしたがらない場合は。もし教えてくれても、完全にオープンな話だと確実にわかっている場合をのぞいて、誰にも言わないこと。「たぶんそうだろう」という推測はいけません

● 子どもを望んでいるか、妊娠中か、どうやって妊娠したのか（計画的？ 計画なし？ 不妊治療？ など）

あなたのセックスライフを噂された経験はありますか？ 嬉しかったですか？……そういうことです。ペニスとヴァギナにまつわる話は、他人の分析や注目を必要としていません。親しい友人以外には、秘密にすべきことです。

lesson 43 話を盛り上げる「ネタ」か「友人」を準備する

「自分ならではの話題」を準備しておきましょう。多くの人が興味を持ちそうな、ユニークで個性的なネタをきっかけに、全員で盛り上がることができます。**珍しい経歴を持つ親しい友人が同席するなら、代わりに口火を切っても大丈夫。**

私のミネソタ出身の友人は控えめな性格で、高校時代「アイススケート・チアリーダー」をしていたことを自ら語ろうとはしません（ミネソタはホッケーが盛んなので、スケートができるチアリーダーが必要なのです）。だから、私が彼女の代わりにしょっちゅうアイススケート・チアリーダーの話をしています。スケートができるチアリーダーは

めったにいないし、本人がいると大勢の人が話を聞きたがって盛り上がるのです。

lesson 44 会話の切り上げ方

始めた会話は、いつか終わらせる必要があります。延々と長話を続けるわけにはいきませんし、聞いているほうも望んではいません。**相手が、「もう少し知りたい」と思うぐらいが引き際です。**徐々に話を切り上げて、当初の軽めの話題へと戻しましょう（「楽しいパーティですね」のような）。会話を好印象で終わらせることができます。

ボニーから、会話をふりだしに戻すコツをアドバイスしてもらいました。

- 「会えてよかったわ。ケリーからあなたのことを聞いていたの」
- 「同じオレゴン州出身の人に会えて

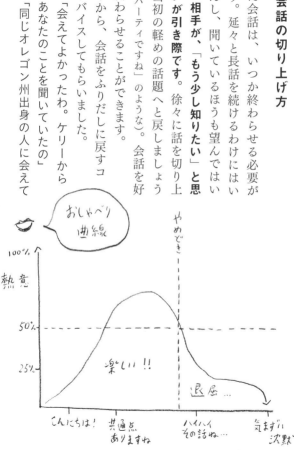

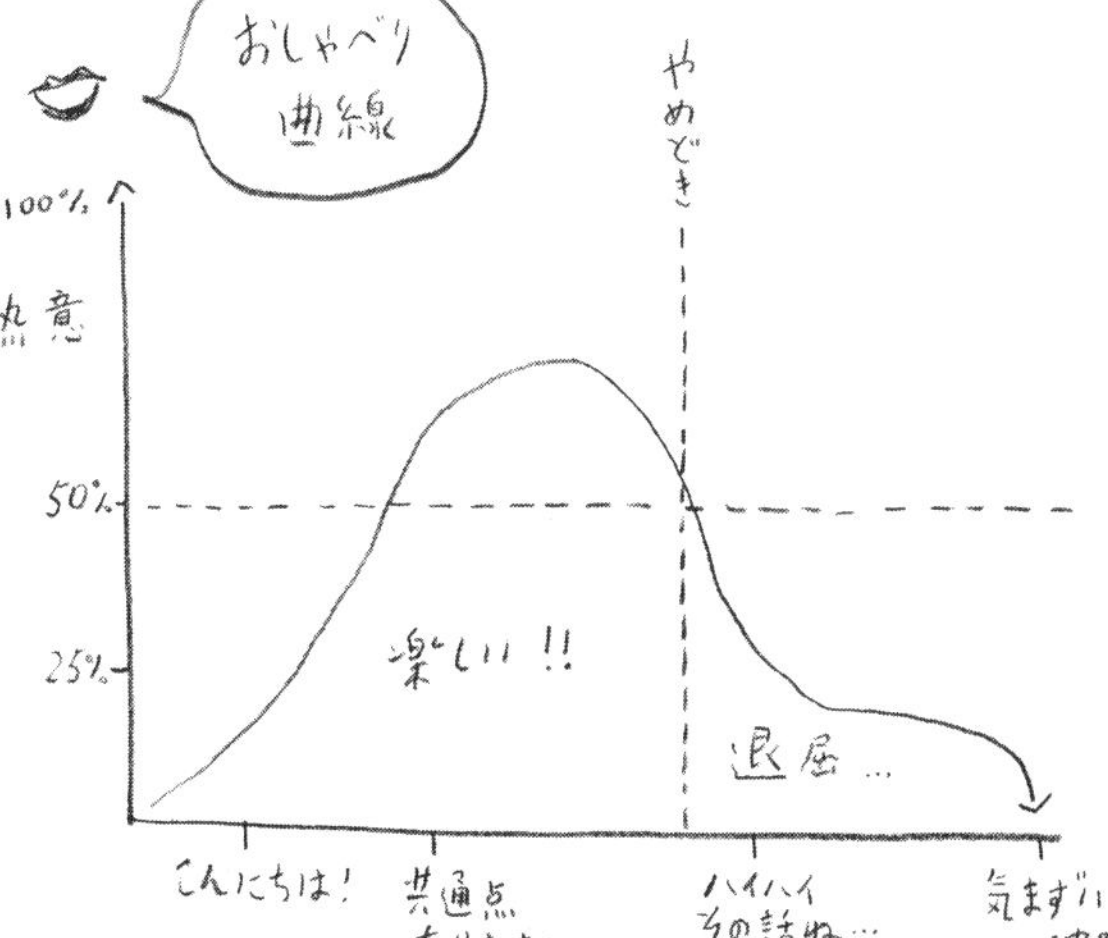

嬉しかった」

●「お話、楽しかったです」

これでOKです。

lesson 45

お礼のメッセージを送る

お疲れさま！　パーティを乗り切りましたね。もう少しだけがんばって。**ホストにお礼のカードを送る作業が残っています。**

お礼はただちに送りましょう。ホームパーティのホストは美味しいディナーを用意してくれ、家に入れてくれ、最高レベルのおもてなしをしてくれたのですから。**「お礼のカード」に欠点は一つもありません。いいことだらけです。**だから、何かあるたびにまめに送りましょう。

夕食に誘ってくれたらお礼のカード。時間を割いて就職面接をしてくれたら、お礼のカード。プレゼントをもらったら？　もちろんお礼のカードです。

私が以前取材をさせてもらった、あるエチケットの達人によると、**メッセージを書くタイミングは、プレゼントを開ける前、またはプレゼントを使う前、食べる前、聞く前、とにかく楽しむ前**だそうです。より純粋な気持ちで感謝が伝えられるからです。

私は数年前、南メソジスト大学の「ガンマ・ファイ・ベータ」ソロリティハウス（社交クラブ）で、「これぞお礼のカードの最高峰」というお手本に出くわしました。ソロリティハウスの掲示板に、他の支部から来たお礼のカードがびっしり貼られていたのです。テキサスのソロリティガールは、所属するソロリティのオリジナル文具を使ってお礼のカードをやりとりするのが大好きなのです。

それらのカードときたら……とにかく完璧なんです。私も長年お礼のカードを書いており、「素敵なメッセージですね」と、たくさんの方からお褒めの言葉をいただきますが、彼女たちのカードに比べたら、まるで0点。太刀打ちできません。マイケル・ジョーダンと、肘を骨折した7歳児が一対一でバスケをやるようなものです。

以来私は、彼女たちのメッセージを真似たひな型を使っています。これは、結婚式に招待してくれた親友にあてた一例です。

親愛なるアンへ
あなたの花嫁姿、とってもゴージャスで光り輝いていました。美味しいサーモンも、豪勢な内装も、とびきり素敵なダンスパーティも、あなたの美しさの前ではかすんでしまったくらい。本当に楽しくて、ここ数年で最高の結婚式でした。ありがとう、私を招待してくれて。感謝します。　愛をこめて、ケリーより

ポイントは次の四点です。

- **できれば文頭を「あなた（二人称）」に。どんな人でも自分の話題が一番嬉しいものです**
- 何に感謝しているかを、具体的に二、三個あげる
- 自分の気持ちや、自分が得たものを説明する（楽しんでくれたと知ったら、相手は心温まります）
- **謝意は最後の一行までとっておき、シンプルに書く**

lesson 46

人より詳しい社会的なトピックを持つ

世の中をよくするために少しでも役に立ちたい、という思いを実行に移すのは、レディらしく立派な善行です。障がいを持った子ども、動物、環境、受刑者やその子ども、ホームレス。ちょっぴり腹黒い人でも、何かしら行く末を案じる対象があるはずです。**それが新しい出逢いや履歴書に書く経歴や、いつもの自分から一歩踏み出す手**

段につながるかもしれません。

ボランティア精神にあふれる友人ジェイコブのアドバイスです。「まず、ボランティアに使える時間をはじき出す。それから非営利団体に電話をかけ、『私はこういう者で、こういうことができます』と相談すればいいですよ」。

敵意に負けない

lesson 47

失礼な人は「クラゲ」だと思うこと

「意地悪で嫌な人が近づいてきたら、クラゲをイメージして乗り切る」と言う知り合いがいました。なんの遠慮もなくフワフワと近づいてきて、嫌なトゲでこちらの一日を台無しにして、フワフワと去っていく。そんな嫌な人に遭遇したときは、クラゲが浮かぶような「ボコッ、ボコッ」という音を想像するのだそう。私もやってみましたが、かなり満足感があります。

クラゲは、こちらがどんな反応をしても無表情です。親切も心に響きません。楽しいパーティを台無しにするためだけに現れるのです。だから主な戦略は、1）避ける、2）解毒するの二つです。棒でつつくというのもアリかもですが。

自分は「テフロン加工」だと思うこと

「私はテフロン」と思いましょう。これは、嫌な人の対処法として抜群の効果があります。応用範囲が広く、あらゆる場面で使える技です。

これからの自分は、どんなときもつるつるのテフロンです。どんなに頑固な意地悪や苦しみや怒りや理不尽さにも傷つきません。他人が浴びせた汚いものは、たちまちスルッとはがれます。

不機嫌、嫌な態度、意地悪な返事などのすべてを受け止めますが、あくまで一時的であり、自分の内部が影響を受けることはありません。切り替えるときは、ペーパータオル一枚あれば、じゅうぶん。さっと拭きとっておしまいです。洗剤にひと晩つけ置きしなくても大丈夫です。

あなたは大人です。**他人の言動に影響を受けるのを5分でおしまいにするか、それで人格まで変えてしまうかは、自分自身で決めていいんです。**

lesson 49

嫌な人はいるものだと割り切る

金髪の人がいる。野球が得意な人がいる。引き出しにボタンを溜め込むのが趣味という人がいる。愚かな人がいる。意地悪な人がいる。人はさまざまです。割り切りましょう。

lesson 50

自分の心の平安のために、嫌な人にも多少の同情はする

意地悪で嫌な人間として生きるのは、そのこと自体が罰みたいなものです。気難しくて意地悪な知り合いの顔を思い浮かべてください。幸せそうに見えますか？　トゲだらけの硬い殻にこもって生きるのは楽しそうですか？　そういう人は恐らく自分自身にも厳しい人です。

lesson 51

たぶん、あなたのせいじゃない

スーパーのレジ係の人に、無愛想で偉そうな態度をとられてしまったとき、考えられる理由はこうです。レジ係の人が……

- 低賃金の接客業が嫌い
- 今朝、パートナーと大ゲンカしたことを引きずっている
- 咽頭炎をわずらっている
- 無愛想な性格

● 話してもいないのに、なぜかあなたを嫌っている

このうち、もっとも可能性が高いのはどれでしょう？

可能性が低いのに、つい自分が想像してしまいがちな答えは？

たいていの場合、嫌な態度をとられたのは、あなたのせいじゃありません。本人に原因があるのです。あなた自身、見知らぬ他人に陰険な態度をとったのは、どんなときでしたか？　おそらく、別に何かの原因があって不機嫌だったのでは？　他の人もそういうものです。嫌なことがあったか、意地悪な性格かのどちらかです。

lesson 52

「自分を嫌いな人がいる」という事実を受け入れる

……ちなみに「嫉妬」しているわけではありません。とにかく嫌いなんです。

あなただって、会う人全員を好きになるわけじゃないし、聴く曲すべてが好みというわけでも、食べたものすべてが気に入るわけでもないはずです。わかりますよね。

この世には、あらゆるタイプの人間がいます。性別も、年齢も、肌の色も、住む場所もさまざま。そして、理由はわかりませんが、あなたを好きな人も、嫌いな人もいるんです。**気にしないことです。**

「嫌いな人に嫌われたって、問題ないわ。だって、お互いさまだから」。友人ケイト

の言葉です。

今度、こういう悩みに遭遇したら、「偉大な人」を思い浮かべてみましょう。たとえばアインシュタイン。彼を大バカ者だと思う人だって、少なくとも一人は絶対にいるはずです。

「変な人」に関わらない

ここで言いたいのは、精神を病んでいる人ではなく、世の中の見方があまりにもゆがんでいて、人と関わるのが難しい人のことです。たとえば、ウェイトレスに怒鳴りつける人。その手のタイプの人です。

そういう人と関わっても、絶対に望む結果は得られません。**クレイジーな人を、筋の通った考えや言葉によって、まともな人に変えるのは不可能です。**正当な話をしても、おかしな方向にゆがめて受けとるので、自分の考えや言葉が筋違いな理屈にすり替わってしまいます。「クレイジー」を「酔っ払い」と置き換えてもいいでしょう。

次回、変な人に遭遇したら、「おかしいですよ」と言うのはやめましょう。言ったところで、何も変わらないからです。

変な人とは、極力関わらない。親切に穏やかに接して、立ち去りましょう。

こんな人は要注意

「変な人」の言動の一例です。変じゃなくても、こういう言動をとる場合もありますが、とりあえず、以下のような場面に遭遇したら用心しましょう。

- 「あいつら、よってたかって、俺のことを怒らせるんだ」と言う（事実かもしれないけど、彼が変で嫌な人だからかもしれません）
- 複数の人に向かって中傷する
- 普段の会話の中で、策略や陰謀の話をする
- 長時間、強烈に視線を合わせようとする
- 犬以外の動物を散歩させている
- どう考えても本名ではない名前で自己紹介をする
- 「母親と口をきいていない」など、極めて個人的な告白を初対面の人にする
- もう終わったはずの話題に、二回以上戻りたがる
- 必要以上にきついコメントをする。とりわけほめ言葉を装っているときは要注意
- 身体機能の話をする。「夫が腎臓結石で、昨晩は眠れなかった」など

● 人生に起こった悲惨な出来事について、たいしたことないのよ、ハハハ、という感じで話をする。ちっとも「ハハハ」ですまない話なのに

自分が正しくても、いつも勝てるわけじゃないと知る

映画を観るといい気分になるのはどうしてでしょう? **「こうなったら」と思うことが起きるからです。**映画の中では善人が報われたり、正しい人が勝ったりします。現実世界は、しばしばその逆になります。権力を持ち、他人を思いやらず、欲のある人、といった「策略に関心を持つ人」が得をしたり、利益を得たりするものです。もちろん「屈強の戦士ゴリアテに戦いを挑む、羊飼いダビデ」の立場になったときは、立派に戦ってください。でも、物語のように勝てるとは限りません。

lesson 55

先に「バナナを手から落とす」

私は子どもの頃、妹としょっちゅう口ゲンカをしていました。すると母親が(誰かのアドバイスなのかもしれませんが)**「バナナを手から落とす」**という巧妙な作戦に出ました。不毛な言い争いの最中に、先に「バナナ落とす!」と言ってケンカの放棄を宣言

したほうが、ごほうびをもらえるのです。

無益な言い合いのスパイラルにはまって動けないときは、先にバナナを手から落として、自分の人生を前に進めましょう。

lesson 56

いじめを我慢しない

筋違いな議論に参加しないことで正気を保つのは、スキルとしては素晴らしいですし、ぜひ覚えるべきです。でも、いじめてくる人と戦いたくないからという理由で、いつも我慢するのはよくないことです。

「自分はひどい扱いを受けるべき人間じゃない」と心の底では思っていますよね。少なくとも、そんな扱いを受けたくないはずです。では、どうすればいい？

まずは、客観的に状況を見つめて、事態を正確に把握しましょう。大好きな親友が、今の状況を中継してくれているところを想像してください。客観的に見て、それは虐待やいじめですか？　そうであるなら、ハッキリとNOを示しましょう。

迷惑な人にならないために

映画館で大声でおしゃべりする。列に割り込む。体臭・口臭がひどい……見知らぬ他人の不愉快な行動にイライラして、一日が台無しになった経験はありませんか。まずは自分自身が迷惑な人にならない方法を知りましょう。

lesson 57

妊婦、老人、身体の悪い人に席を譲る

説明はいりませんね。とにかくやってください。

lesson 58

「地球に貢献している」と考える

迷惑な人に親切に辛抱強く話すことは大切です。「私は親切じゃないし辛抱強くありません」と思う人も、できるだけは努力しましょう。なんらかの形で、この地球をより快適な場所に変化させることに貢献できるはずです。

lesson 59

「酢」より「ハチミツ」のほうがチョウを引き寄せる

「辛抱強く親切にする」理由の一つです。他人が気にかけてくれるようになり、結果として、望みがかなったりします。**親切な善人になる動機は、不純でもいいのです。**

「割り込む人」には間違いをそっと正してあげる

あらゆるタイプの迷惑な人に使えるテクニックです。例としてわかりやすいのが、列の割り込みです。できる限り親しみやすい声で、単刀直入に教えてあげましょう。「私もあるある」という共感をこめた声色で。話せばわかるわよね、という楽観的な態度を示すこと。

「あのう……(ここで間を置く)……列はあっちから始まっていますよ」。そして、ごく薄い鉄面皮をまとった、幸せそうな明るい笑顔をつくってください。笑顔の内訳は、「ああよかった！　これで誤解がとけましたね」が九割、「このバカ。列の後ろにちゃんと並べよ」が一割です。

女性にからもうとする酔っ払い、携帯電話で大声で話す人、公共の乗り物で大音量で音楽を聴いているティーンエイジャーにも使えます。

lesson 61

公の場で騒ぎを起こさない

お金をとってサーカスを披露する立場の人をのぞいて、映画館やホールでは静かにする、列に割り込まない。サービス係の対応が最悪でも、周囲の注意を引くために声を荒らげないこと。**流れに逆らわず、周囲の人と同じように行動しましょう。**みんなが一方通行で移動している場所では、同じ方向に歩く。みんなが黙っているときは、静かにするのが賢明です。それが嫌なら、別の場所に行きましょう。不必要に人の邪魔になってはいけません。

「嫌いな人の幸せ」を自分のために1秒だけ祈る

最後に、長年にわたって敵対している相手がいる人向けのアドバイスです。「**怒りの酸は、注がれる相手よりも抱えている船のほうをいためつける**」という慣用句は、ある意味で真実です。誰かに対してネガティブで嫌な感情を持ち続けていたら、どうなりますか？　**嫌な思いを抱えるのは、相手の脳ではなく自分の脳です。**怒りが実際の敵には響かずに、自分自身が嫌な精神状態から抜けられなくする可能性のほうが大きいわけです。

難しいことですが、これができたら自分を誇らしく思うはずです。**今度、大嫌いな人のことを考えるときに、1秒だけ相手の幸せを祈ってください。**世界の果てで元気に暮らしてね、と願ってもかまいません。わずかでも、善意を相手の方向に飛ばすと、心が驚くほど穏やかになります。

トラブルを避けるための七つの心得

❶ 大事な情報は小さなメモに書いたままにしない。電話番号は登録し、約束はカレンダーに書き込む

❷ 電話の充電はこまめにする。充電器を複数持ち、車の中、家、職場に置く

❸ 同じく、デオドラント剤をこまめに使う。車の中、家、職場のほかに、第四の場所（スポーツジムやパートナーの家）にも置く

❹「絶対になくしてはいけないもの」をリストにし、移動のたびにチェックする。私の場合は「電話・鍵・財布」です。縮めて「でん・か・さい」と覚えても

❺ 銀行のオンライン口座を開設し、週に一度はチェックする

❻ 時間に遅れない

❼ 電話とメールの返事はすみやかに

最後の二つは、思った以上にレディの証になります。

Discussion Question

考えてみて!

1

上品な集まりの話題として不適切なのはどちらだと思いますか?

ウンチ

ヘルペス

2

本書にある以外の「変な人」の言動を書き出してみてください。自分は大丈夫ですか?

3

実際に遭遇した、その場を凍りつかせた発言のうち、一番ひどかったものはなんですか?

暮らし

親元を離れて大人になったことを実感するのは、たとえば、初めてトイレットペーパーを切らした瞬間。ショックです。

今まで当たり前にあったトイレットペーパーが、ひとり暮らしを始めたとたん、絶滅危惧種のパンダのように、常に用心深くチェック・観察しなければならない「限りある資源」と化すなんて。

トイレットペーパーだけではありません。**生活するためには、あらゆることに果てしない手入れが必要なのです。**食材を買ってこなければ冷蔵庫が空っぽ。モノの表面はふき掃除をしないと、ホコリがついてべたべたしてくる。トイレの水があふれた。寝室の床に飼い猫が残したネズミの死がいが落ちている……といった背筋が凍る出来事も、自分で始末をつけることになります。

シャワー室にできたクモの巣は、誰もとりのぞいてくれないし、放っておくとクモの卵が耳に入るかも！

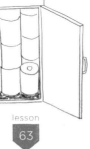

親切な見知らぬ他人が玄関をノックして、「冷蔵庫にケチャップがこぼれて固まっていませんか。掃除しますよ」と申し出てくれることはありません。飲み残したビールの缶は、自分で中身を捨ててリサイクルに出すまで、気の抜けた嫌な臭いを放ちつづけます。だけど、世界のほとんどの人は、気づかないうちに死んでいたり、人をうっかり死なせたりせずに毎日を生活しています。自分もその一人になれる確率は、かなり高いでしょう。

おそらく、トイレットペーパーを常に切らさない生活ができる確率は98・5パーセント。そう、次のことを守っていれば……。

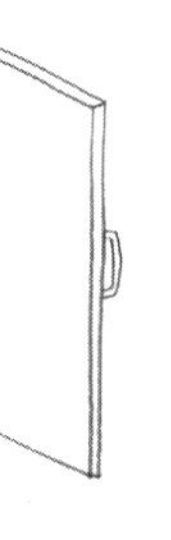

lesson 63

トイレットペーパーはまとめ買いする

一つの具体例でありながら、この章の総括ともいえるアドバイスです。トイレットペーパーは、これからもずっと使い続けるもの。いらない日はありません。そして、腐りません。今すぐ、まとめ買いに走りましょう。

節約にもなるし、トイレットペーパーの買い物の回数も抑えられるし、朝の5時に腹痛で苦しみながらスーパーに走るなんて、絶対にごめんです。大量購入しても、ドラッグストアのレジの店員に「ふうん、この人は『大』の回数が多いのね」と思われたりしません。今すぐ行動しましょう。

最も大切なレッスンが片付きましたので、インテリア、掃除、家事のコツについて説明します。

インテリアのコツ

どんなインテリアがいいのかさっぱりわからないなら、**自分のクローゼットの中身を分析するのがおすすめです。**「住人とインテリアの雰囲気は一致する」とは、知り合いの中でもっとも美しい部屋に住む友人キャロルの言葉です。クローゼットには、大胆な原色が多いですか？　それとも無難な中間色？　デザインは古風な定番タイプ？　装飾が凝っている？　超シンプル？　**服の好みと部屋のインテリアの好みはたいてい似ています。**

もうひとつのアプローチ法は、**自分のお気に入りアイテムを基準にすることです。**私の妹の基準は、アンティークの霧吹き。一九五〇年代にハイセンスな老婦人が蘭の水やりに使っていたような趣のあるデザインです。妹は部屋に小物を増やすときに、この霧吹きに雰囲気が合うかどうかを必ずチェックしています。

lesson 64

ポスターは壁に直接貼らずに「額」に入れる

部屋にポスターを貼るのは大学生までにしましょう。あの時代が懐かしくても、インテリアにノスタルジーは不要です。額は高価なものでなくても、格安ショップで50セントや1ドルで買えます。もっとお金をかけたければ、ＩＫＥＡなら5ドルから30ドルです。

地元の作家の版画や小さな壁掛け、才能ある友人や家族の作品など、高価でなくても素敵なアートは見つかります。大事に扱い、額に入れて美しく飾りましょう。

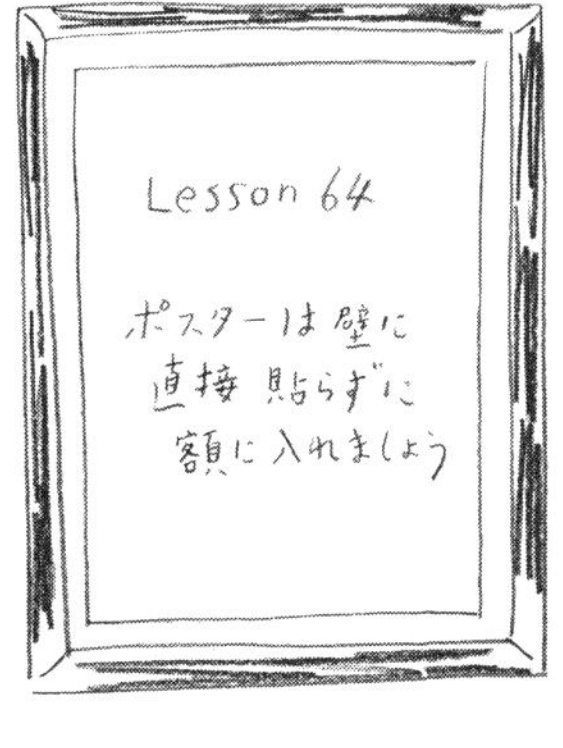
Lesson 64
ポスターは壁に
直接 貼らずに
額に入れましょう

lesson 65 予算が厳しいならひと手間かける

必要なのは、多少の努力と創作力です。友人のアリエラは、壁に古い児童書のページを飾りました。この素敵なアイデアは、私もさっそく真似させてもらっています。白のスプレー塗料は、野暮ったい木製の小物をかわいいナチュラルアイテムに変えてくれます。格安ショップで見つけた小物やインテリアが、ほんのひと手間とわずかなお金で愛らしく変身します。

lesson 66 ベッドにはお金をかける

23歳になったとたんに、床にマットを敷いて寝るのがつらくなります。**ほとんどの人にとって、ベッドは肌と触れている時間がもっとも長いアイテムです。**人生の三分の一を過ごすのですから、快適なものを選びましょう。500ドルを捻出すれば、これから先長い間、王様のような眠りが約束されます。税金の還付金を使ったり、月に40ドルの積み立てをしてでも、手に入れて絶対に後悔しないはずです。

lesson 67 すぐに手紙を書ける引き出しを用意する

ちょっとした予算でできることです。机の下にある細長い引き出しに、次のものを入れてください。

- 切手セット。必要に応じて入れ替える
- 便せんと封筒のセット
- 上質のペン二本。青と黒を一本ずつ
- シンプルなカードと封筒のセット（お礼状用）
- 小さなアドレス帳

これだけそろえておけば、頻繁ではないけど絶対に必要な郵便を出すとき、すばやく優雅に作業ができます。

lesson 68 合鍵を二本つくり、友人に一本を預け、一本は家の近くに隠す

遅かれ早かれ、何かの「うっかり」で、部屋に入れなくなる日が必ずきます。

友人に合鍵を預けておきましょう。できれば近くに住んでいる人に。必要なときに来てペットの世話をしてくれる親切なご近所さんなら最高です。入居したら、なるべ

く早く合鍵を一本預け、一本を（ラベルをつけずに！）家から数ブロックの範囲に隠してください。

掃除

正直に告白します。部屋を美しく保つのは、私にとってエベレスト登頂のように手ごわいことです。

仕事関係の来客があるときだけは、部屋をきれいにしていますが、そのときでさえ慌てて片付けるだけ。5歳児がサイズの合わないブレザーで正装するようなものです。

だから、ぴかぴかの美部屋とまではいきません。でも20代の頃のようなカオス状態にならず、ある程度の美しさを保てるようになりました。そのコツを以下にお伝えします。

lesson 69

ハウスクリーニングを頼んでコツを教えてもらう

必ず事前に、可能かどうかを問い合わせること。彼らの仕事は掃除であって、水拭きの手ほどきは契約に入っていません。でも、私はこの方法を使ってカレンと出会いました。

この章のあちこちに、彼女の素晴らしいアドバイスが登場します。カレンは、私のダメぶりを批判することなく、手洗い指導から「大掃除」の目的まで、あらゆることを伝授してくれました。その結果、**荒れた部屋をいちから掃除をするより、定期的な手入れできれいな状態を保つほうがはるかにラク**だと気がつき、掃除のスケジュールを立てることにしました。

毎日15分だけ片付ける

所要時間は15分以下。毎日実行すれば、部屋が「汚物の館」になることは決してありません。

- **使った食器を洗う**
- **ものを、あるべき場所に戻す**（洋服をハンガーにかける、洗濯機に入れる、買ったものをしまう、など）

これならできますよね？　鼻歌でも歌いながら、毎日やりましょう。

45秒のベッドメイクで部屋の印象が変わる

「朝の貴重な時間をそんなことに使っていいの？」と、迷う人は多いはず。でも、絶対にやるべきです。**ささやかな自分の空間を美しい状態に戻すために必要なのは、たったの45秒です。**

私は、ベッドから出るとすぐにシーツを整えて、ブランケットのシワをのばし、枕を叩いてふくらませます。これで、服などが置ける清潔なスペースができあがり。しかも部屋全体がきちんとして見えます（ベッドが整っていないと部屋は絶対に美しく見えません）。仕事が終わって疲れて家に帰り、早く休みたいと思いながら部屋に入るとベッドが整っている。自分の空間を自分でコントロールできているのは、いい気分です。

それに、整えたベッドに入るのは気分がいいものです。くしゃくしゃのシーツの上で、よれたブランケットにからまっていると、実際以上に人生が惨めに思えます。

シーツを洗濯しないで使える限界は二週間です。洗濯は、シーツ単独で、普段の半分の量の洗剤を使って、温水で洗いましょう。できればシーツは三組用意すること。洗濯については、「Chapter6　メンテナンス」の章のレッスン168―178を参考にしてください。

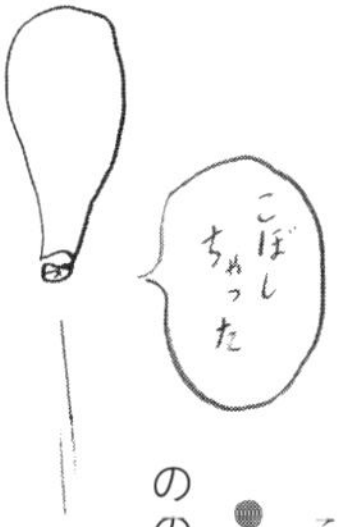

lesson 72

「ながら片付け」を習慣にする

こんな時間は、絶好の片付けタイムです。

- 電話で話しているとき。部屋を歩きながら、出ているものの端をそろえる
- 電子レンジやオーブンの仕上がりを待っているとき。その3分の間に、カウンターを水拭きしたり、皿を洗ったりする
- バスタブにお湯をためている間や、シャワーのお湯が温まるまでの間。床や台をスポンジでこする

lesson 73

「今日は拭きとれるもの」も「明日は固まる」と心得る

こぼしたり落としたりしたものは、ただちに拭きとりましょう。私自身、子ども時代にこれを学習していなかったために、今苦労しています。

正しくゴミを出す

基本の三点を押さえてください。

1. しっかりしたゴミ箱を使う
2. 必ず中袋を使う（これを怠ると、午後までにゴミ箱の底にイヤな匂いの生物が繁殖します）
3. 地区の分別方法を確認する

そろえておくべき定番お掃除アイテム

- 食器用洗剤
- ほうきとちりとり
- ペーパータオル
- バケツ
- ぞうきん（古タオルとマイクロファイバーのような毛羽立たない目の詰まった布）
- 柄つきタワシ
- 歯ブラシ（シンクの裏側や蛇口のつけ根など隙間の掃除に）

- 漂白剤（使うときは必ず手袋を）
- 安いホワイトビネガー（酢1対お湯2で混ぜるとガラスのコップ磨きに最適）
- スプレー式の漂白洗剤。カビ、床、塗面など、さまざまな用途に使えます
- ゴム手袋
- オイルクリーナー
- シールはがし液

週に一度の掃除

毎週、掃除のために2時間あけておくとよいでしょう。二日酔いで寝ていなければ、土曜の朝がベスト。美しい部屋で週末を過ごせます。次は、カレンが提案する週イチの掃除ポイントです。

- お風呂とトイレ掃除――シャワー、浴槽、トイレ、洗面所
- 洗濯。ベッドのシーツ類も
- カーペットを敷いていない床のホコリとりと水拭き

- 部屋の隅にクモの巣がないかをチェック
- 定期的に拭いていない表面の水拭き。コーヒーテーブル、書き物机、椅子など

lesson 75

年に一度の水拭きで部屋がくすまない

ドア、幅木、窓、壁など、部屋のあらゆる面の水拭きを、年に一度のプロジェクトにしましょう。私はいつも、ごちゃごちゃになったクローゼットの中身を全部出しています。年に一度とはいわず、季節の変わり目にも。

lesson 76

嫌な気分になるものを家に置かない

世の中は、ただでさえ悲しい気分にさせることだらけです。**自分が唯一コントロールできる小さな空間に、それを持ち込む必要はありません。**

家に置いてあるアイテムで、見るたびに嫌な気分になるものは、外に追い出しましょう。昔のラブレターなど、どうしても捨てられないものは友人にしばらく預かってもらっても。サイズが小さくて着ない服は、小柄な友人にプレゼントしましょう。

ルームメイトが嫌なものを持っていたら、ケンカを売らずに優しい声で、「お願い

だから共有スペースには置かないで」と頼んでみて。

三つの質問でモノを手放す

私自身、あらゆるものを記念にとっておきたい性格ですので、手放すのは苦手です。でも、二度と見ないものをしまい込む必要が本当にありますか？　迷ったら、次のことを自問してみましょう。

- 写真で残せない？　スキャンしたり、切り抜いてファイルにできない？
- もう一度見返すことがある？　その理由は？
- その思い出や人に関して、もっと大切なアイテムを他に持っていない？

lesson 78

タオルとバスマットはこまめに替える

たとえばバスマット。毎日使うバスマットの寿命は、回り車で走り続けるハムスター並みに短いと考えてください。シャワーカーテン、ハンドタオルも同じ。どんどん回転させましょう。「**そろそろ替えどき？」と思ったら、たいていの場合、イエスです。**

引越しについて

引越し経験がある人なら、「引越しほどつらい作業はない」とご存じのはず。私は、アメリカ大陸の端から端へと引越したとき、「二度と引越しなんかするものか、この線路ぎわの小さなアパートで死んでやる」と思ったものです。でも、引越さなければいけないときはいつか必ず訪れます。大丈夫、なんとかなります。

lesson 79

ポケットとタブつきの丈夫な引越しノートを手に入れる

引越しには、ざっと100を超える作業があり、どれをとっても、面倒でつらいものばかりです。元の住まいの解約、部屋の掃除、新しいアパートメント探し、郵便の転送手続き、ペットまわりの調整、荷出し、別れの挨拶、それからもちろん、持ち物をどのように移動させるか。

この一連の作業の守り神になってくれるのが、タブとポケットのついた一冊のノートです。少なくとも、

1. 古い部屋
2. 新しい部屋

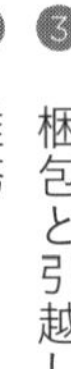

③ 梱包と引越し
④ 雑務

の四つの項目をつくりましょう。やることリストをつくり、終了したらチェックを入れます。電話番号と、引越し業者の見積もりも記録しましょう。

愚かにも引越しを決める前の気楽な日々を懐かしみながら落書きしてもよし、一見なんの関係もなさそうな切抜きをノートのポケットに入れてもよし。「お守りノート」がすべて受け止めてくれます。

運送費をかける価値のないものはどんどん捨てる

引越しは、所有している一万以上のアイテムの処遇について決断する究極のチャンスです。とりわけ遠方に引越す場合は、モノの移動代金がかさみます。「これらを置いて休暇旅行に出かけたら、ホテルに届けてもらう輸送代金を払う？　それとも他で代用できる？　いっそ、なくても気にならない？」と考えると、判断の目安になります。

モノを送るには、手間がかかります。丁寧に梱包して下まで運び、費用のかさむ引越しトラックの限られたスペースに乗せて、数日もしくは数週間はそれなしで過ごし、階段の上まで運んで丁寧に荷解きし、新しい家のどこかに置くのです。当然そうしたい、と思えるモノは持っていきますが、そうでなければ手放しましょう。

lesson 81

引越し用の箱を入手する

スーパーなどで無料で手に入る野菜やお酒の段ボールを使うときは、次の二点に注意してください。

- 無料の箱は、15キロ以内の距離を車で移動する場合だけに使う
- 本など重い荷物は、大きな箱に入れない。重すぎて持てなくなります

無料の段ボールは万能ではありません。大きくて頑丈な本格的な箱を手に入れたいなら、おそらく有料になるはずです。箱が手に入ったら、梱包用テープを二巻と、よく切れるはさみを一本、油性ペンを二本準備しましょう。

lesson 82

同じ部屋で使うものは同じ箱に入れる

箱には、油性ペンで「これはリビング！」「バスルーム！」「書斎のもの！」などと書きましょう。

堅くて頑丈な物を小さな壊れ物と一緒の箱に入れないこと。壊れる危険があります。梱包のときに、引っ越してすぐ使うアイテムをまとめておくと便利です。たとえばトイレ用品、ドライヤー、下着などは「すぐに開けて！(スマイルマーク)」と書いておく。**スマイルマークをつけるのを忘れずに。**そうすることで、自分の持ち物への愛着が再燃し、はるばる州をまたいで大量のゴミを持ち込んだと思わずにすみます。

新聞紙は万能！

大量の新聞紙を用意しましょう。こんなに使わないだろうと思うほどの分量を。そして、あらゆる壊れものに、新聞紙を大量に——これでもかという量を——巻きつけて、テープで留めます。

じゅうぶんなクッションができたら、それがすっぽりおさまる花瓶や植木鉢に入れ、箱の中で動かないように、たっぷりと新聞紙を詰めてください。

lesson 84

カゴを利用して省スペースに

空間を節約するコツです。カゴの中に枕カバーやタオルを入れる。トートバッグを入れ子にする。植木鉢を重ねる。ナイフやフォーク類は、梱包用テープ（引越しの間の心強い友人です）で束ねましょう。

lesson 85

小物は本体にテープで留める

テレビのリモコンは、テレビの画面以外の場所にテープ留めします。組み立て家具をばらしたら、ネジを本体にテープ留め。これで小物を探したりする余分な手間がはぶけます。

lesson 86

タオルやクッションは大きなゴミ袋に詰め、緩衝材にする

ベッドリネン類、洋服、カーテンも。大きなゴミ袋にほうりこんで、体重をかけて空気を抜きます。これを家具のすき間などに詰めると、荷物の固定ができます。投げて遊ぶのにも使えます（引越しには、ガス抜きが必要です）。

lesson 87

貴重品にはラップを！

写真アルバムやラブレター、おばあちゃんの形見のスケッチブックなど、絶対に濡らしたくないものは、ラップで巻いてからプラスチックの収納ケースに。飾らなくてよいなら、引越し先でもそのまま保管し、見たいときだけ取り出しましょう。

lesson 88

引越しを手伝ってくれた友人に、ピザとビールをふるまう

義務ではありませんが、普通はそうします。**引越しの手伝いなんて面倒なことをしてくれるのは、あなたのことが大好きだからです。**そんな彼らの心と身体を、ピザとビールで満たしてあげましょう。

友人が引越しするときには、頼まれなくてもお手伝いを買って出ましょう。言い出しにくい頼みを先回りして引き受けるのは、心の成長につながる素晴らしい行ないです。ピザも無料で食べられます。

lesson 89

大丈夫、絶対に片付くから深呼吸して！

引越しは、失恋に匹敵するつらくて大変な経験です。もうこんなの二度とムリ、と思うかもしれません。でも、必ず終わります。

そのつらさはいつか、「あのときは大変だったなあ……」というぼんやりした思い出に変わります（出産した女性もそうです）。新生活を始め、新しい部屋を美しく飾り、もう二度と引越しなんかしないと誓う――このサイクルを、そのうちまた繰り返し、いつしか慣れていくのです。

Discussion Question

考えてみて!

1

今の部屋の賃貸契約に署名をする前に見逃して、「心底しまった」と思ったことを一つ挙げてください。

2

この世で一番嫌いな家事は?

3

一番散らかっているときの部屋のジオラマをつくってみましょう。
改めて自分の部屋を見た感想は?

仕事

驚異的なお金持ち以外の人にとって、就職は「オプション」ではありません。お金があり余っている人は、自分専用の動物園でもこしらえて、遊んで暮らしてください。私だったら、レッサーパンダをたくさん入れたお城の形のエア遊具も設置します。

でも、驚異的なお金持ちでない私たちは、きちんとした仕事につく必要があります。

仕事は、大人として（もっと言うと、人として）生きるために、きわめて重要です。人間は社会的な生物です。**私たちは他人の役に立ち、助け合う必要があるのです。**ピザ配達の仕事なら、ピザを熱いうちに時間どおりに届けることも、人の役に立つことです。

＊職探しは本当に大変です。就職活動で傷つきくじけることもあるでしょう。つらいのはわかりま

す。だけど、誰だって無職から始めるしかないのです。求職中の人にお伝えします。必ずいつか、仕事が見つかります。そして、つらさはいつか薄れていきます。自分にふさわしい職を得るチャンスを最大限に広げる方法をいくつかお教えします。

lesson 90

もくもくと手を動かす

この章の中で一番大切なアドバイスです。

私が以前付き合っていた彼は料理人で、レストランを開くほどの腕前でした。そんな彼が、お気に入りの弟子（どこに連れて行っても恥ずかしくない部下たち）の話をするときには、全員に一つの共通点がありました。

それは「もくもくと料理をする」ことです。

遅刻せず、無用な騒ぎを起こさず、給料分の仕事をきちんとこなしていれば、どこに行っても求められる人材になれます。職場の規則には逆らわない。清潔な服装で出社し、無意味でくだらないと思っても社風に従いましょう。

lesson 91

プライドはしばらく凍結する

レッスン1で学んだ「あなたは特別な人間ではない」を踏まえて、**最初の職場が1）華やかでも　2）高収入でも　3）楽しくも「ない」という事実を受け入れま**

しょう。幸い一つぐらいは叶うかもしれませんが、三つ全部は絶対にムリです。

友人に、たぐいまれな仕事哲学を持っている人がいます。仕事は「生きていくために必須のもの」であると理解し、大学の四年間に必死で勉強し、奨学金を獲得してトップクラスのロースクールに進学しました。なのに……急に嫌になって、退学。それでも家賃は発生するので、なんとか雇ってもらった最初の仕事が、ピザの配達でした。目的意識がはっきりしている上、そもそも一つの哲学を持って働いている人なので、ピザの仕事でもたちまち頭角を現しました。その後、本当にやりたいことを見つけて、今では弁護士として稼いでいます。

やると決めた場所では、与えられた仕事をきちんとやりましょう。どんな仕事も、見下してはいけません。当然ですが、無職のときにオファーがきたら、どんな仕事でも受けるべきです。友人のジョシュが指摘するように、職がないのに「そんな仕事では自分の能力がもったいない」と思う理由はありません。

「ネットワーキング（人脈づくり）」を敬遠しない

「ネットワーキング」。なんだか恐ろしい、ピラニアみたいな人たちがポケットに名刺をしのばせ、獲物を求めてぐるぐる泳ぎ回っているイメージですね。

確かにそういう側面もあります。でも、人脈づくりの会の目的は、出会いたい人に出会い、大切にしたい人たちと仲間関係を築くことです。これは非常に大切なことです。

大人の仕事は、自分が築いた仕事とプライベートの人脈がものをいう場合が多いのです。

知っておくべきなのは、**ネットワーキングは「取引」に直結する場ではない**ということ。「誰かに出会う→仕事を紹介してもらう」という図式ではないのです。

「人脈は、銀行口座のように、即座に現金を引き出せるわけじゃない。メンテナンスや努力を続け、自分から助けを申し出たり与えたりする必要がある」と話すのは、ネットワーキングの達人でありながら申し分ない人格の持ち主という希少な人間の一人、ジャレッドです。

私なりにネットワーキングを表現するなら、「小枝を一本ずつ集めて、チャンスを分かち合う美しい巣をつくること。巣を固めるセメントが、自分の情熱と人のために役立つ資質」といったところでしょうか。

仕事や情報をガツガツ求めるのではなく、**誰かの役に立ちそうな自分の資質を与えようと努力する。**そうしているうちに、いつの日か逆の申し出を受けるかもしれません。

ネットワーキングの可能性

あちこちで異業種交流セミナーが開催されています。とりわけ、若い職業人向けのものは、ハードルが低いといえるでしょう。勉強会はネットワーキングそのものです。就職セミナーも、もちろん職を手に入れる大きなチャンスです。他に、大学でお世話になった教授や親の知り合い、同級生や紹介してくれそうな人に、ネットワーキングの機会がないか問い合わせてみましょう。

＊「Chapter2　演技」で書いたご法度は、ここでも適用されます。重い政治の話や、自分の病気の話、誰が誰と寝ているみたいな噂話は、ネットワーキングに必要ありません。難しく考えなくていいのです。他の人もあなたと同じく、出会いを求めに来ているだけです。自己紹介は簡潔に。「こんにちは、ケリーです」と切り出して、相手が名前を言えば、出会いは成立です。職業についてたずねられたら、「あと二カ月で○○大学を卒業する予定で、広報の仕事に就きたいと考えています」のように言えばいいでしょう。

lesson 93

会話の終わりに名刺をもらう

「お会いできて本当によかったです。ところで名刺をいただけますか？　ありがとうございます！　こちらは私の名刺です」

気後れしたり恐縮したりする必要はありません。**来ている人たちは、渡すために名刺を持っているのですから、名刺を求められるのは想定内です。**出会って言葉を交わし、1時間おきに会社に電話するようなおかしな人間じゃないことは証明できているので、喜んで了解してくれるでしょう。

会った人にフォローメールを送る

帰宅したらメールを送りましょう。決意表明のような長文メールではなく、短いものを。内容は、「お会いできてよかったです、またいつかどこかでご一緒できますように」。いただいた名刺のアドレスに送ってください。

lesson 95

「これ!」と思った人をお茶に誘う

切れ者の同業者に出会ったら、お茶に誘っても大丈夫です。相手を質問攻めにしましょう。誘いを断られることもありますが、驚くほどの確率で了解してくれるものです。仕事の紹介とまではいかなくても、たいていの場合は喜んで質問に答え、アドバイスをしてくれるでしょう。チャンスの少ない人を助ける喜びは、世界共通です。

会う前に、相手の仕事と功績（その業界だけでなく個人としての）をおさらいしておきましょう。会ったときは、仕事の内容と、その業界で仕事をするにあたってのアドバイスをもらい、相手の言葉に真剣に耳を傾けること。コーヒーとケーキはごちそうして、お礼のハガキを送りましょう（レッスン45）。**仕事をしていれば、自分よりも年上で、聡明で、才能がある人に、必ず出会います。**そんな人をお茶に誘って、話に耳を傾けてください。

lesson 96 SNSは検索されてもいい情報だけしか書き込まない

Googleで検索される可能性があることは知っておきましょう。フェイスブックやツイッターもチェックされるでしょう。七年前の恥ずかしい写真が見つからないうちに、先手を打って、ネット上の怪しい情報は削除して。

フェイスブックにタグ付けされた写真、政治的思想をうかがわせる記述、あなたのビキニ姿は、ただちに削除。**今後は、「母親、元カレ、上司」に見せたくない、知られたくない内容をフェイスブックに載せないこと。**

lesson 97 見た目も発言も賢そうに演出する

難関をかいくぐって面接にこぎつけたら、面接官を圧倒しましょう。そもそも相手は、才能ある人材に打ち震え、あと数年早く出会えていたらと歯ぎしりし、ようやく向き合って話せることに、安堵を覚えているはずです。

面接までできたということは、相手は好印象を持っています。あとは、あなたに実践力があるかを確かめるのみです。面接官がしたいのは、「我が社に不足している○と△を、あなたは埋めることができますか？」というシンプルな問いです。あなたは「はい、できます」と答えるだけ。**面接の間、すべての質問に「できます」という姿勢を見せればよいのです。**

この「できます」感が最初に表れるのは、見た目です。できる人に見える、とびきりのスーツを着てください。超カジュアルな服装が主流のクリエイティブ系の職場の場合は、周囲を見てどんな服装が適切かを判断すること。

lesson 98

自分がその仕事にいかに適材かを話す

会社は、あなたの自己実現や喜びのためではなく、ニーズを満たす人材を確保するために人を雇うのです。だから**面接で伝えるべきなのは、「はい、私は御社のニーズを満たすことができます**」ということ。あなた側のニーズは、この段階では重要ではありません。

このことは、うっかり忘れてしまいがちです。卒業したての人なら、なおさらでしょう。学生だった頃は、目標を達成するために、誰かに教えてもらったり与えてもらったりする人生でした。でも、気づいていますか？　学校は、学費を払って通う場所です。一般的に、**人生においてはお金を払う側のニーズが優先されます。**そのニーズを満たす人に、報酬が支払われるのです。

lesson 99

前の職場の悪口を言わない。今の職場の悪口も言わない

悪口を「共通の話題を楽しむコミュニケーションツール」ととらえる人がいるかもしれません。でも、**就活中の人が悪口を言うと、噂好きでチームプレイに向いていないという印象を与えてしまう上に、人格と能力を疑問視されることになります。**「出来はいいはずなのに、この人が誰かに嫌われているのはなぜ？」と。

今必要なのは、いかに有能な人材かを伝えることだけ。悪口は含まれません。

以前の職場がどんなに過酷で大変でも、面接の話題にすべきではありません。元上司や会社の長所を言いたいなら、ぜひどうぞ。前向きなことが一つも言えないなら「私には最適の職場ではありませんでした。ところで……（と、自分の有能さをアピールする）」とだけ言っておきましょう。

面接の最後は必ず質問をする

これから週に40時間以上を費やす場所なのですから、ききたいことが山ほどあって当たり前です。何百何千という任務を成功裏に片付けることを要求され、家族よりも多くの時間を一緒に過ごす人が大勢いる場所です。それなのに関心がないのは、むしろ変です。

質問しても、厄介者とは思われません。本当に適職なのかを真剣に確認している、と印象づけることができます。

定番の質問を挙げておきます。

- 職場の平均的な一日の流れを教えてください
- この仕事のもっとも厳しい面について教えてください
- 個人的なご意見をうかがいたいのですが、このポジションで、もっとも成功しそうなのは、どんな人でしょう？（**この答えを受けて、自分がそういう人物であることを上手にアピールしましょう**）
- 御社の個性はどういったところにあるとお考えですか？　同業他社との違いはどんな点ですか？

●これまでの話に出てこなかったことで、知っておくべきことはありますか？
面接でここまで力強いやりとりができたら、相手はぜひ雇いたい、ふさわしい仕事をオファーしたい、と思ってくれるはずです。そして、晴れて就職が決まれば絶対にすべきなのが……

最悪で退屈な業務が与えられても新入りのうちは喜んでやる

嬉しい事実ではありませんが、真実です。**ほぼすべての職種に序列が存在します。**パパの会社で働くのでない限り、抜け道も近道も回り道もありません。正面突破のみです。

もちろん、楽しいことばかりではありません。でも、近い将来、次代のインターン生につまらない仕事を丸投げできるかどうかは、「**バカみたいな雑務を、最高に楽しくて重要な任務のようにこなせるか**」にかかっています。

町中の高齢者センターのアクティビティの週間スケジュールを、ワクワクしながら入力してください。心から喜びを感じながら、コーヒーを運んでください。

ポイントは、大学のサークルの飲み会的な「イエーイ！」のノリではなく、ハリウッド映画のファンタジー三部作で壮大な冒険に乗り出す主人公のような、真面目で

真剣な気持ちで行なうこと。**自分の中の演技力を総動員しましょう。**

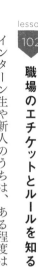

lesson 102

職場のエチケットとルールを知る

インターン生や新人のうちは、ある程度は「大目に」見てもらえます。誰だって22歳のときに混乱して戸惑った経験があるのです。**自分には見えないのに、他の全員には見えている暗黙のルールや常識があり、それに従うのを期待されている**ということに。

それでも、できる限り器用にふるまって、他人の導きに従うべきです。給与をもらいはじめたとたん、「大目に」の扉は閉まってしまいます。

どんな職場にも、社会的道徳観や習慣、守るべきエチケットがあります。出勤初日には、その内容をまったく知りません。**最初の数週間は、ネズミのようにおとなしくしていていいでしょう。**何も言わずに、愛らしいつぶらな瞳で、よく観察してください。

職場の人は、どんなふうに会話をしていますか？　ラフな言葉遣いは許される？　自分の机で食事をとる人はいますか？　机の上は何も置かないピカピカの状態、あるいは書類が山積みですか？　ランチ休憩は1時間、それとも20分？　お使いで外出するときは、誰かに知らせていますか？　これらの答えは、あなた以外のすべての人が知っています。**自己判断はやめましょう。みんなのやり方に従ってください。**

職場に完全に溶け込むまでの間は、行動の目盛を「標準」よりも一段階か二段階、用心深いほうに合わせましょう。

「職場のキーパーソン」をつかむ

役職ではありません。組織の序列は、時間をかけなくても把握できます。

大事なのは「裏のリーダー」の存在です。社内のあらゆる出来事を把握している人。肩書きはすごくないのに、上司のお気に入りで地獄耳の人。職場のヒーロー的な人気者。災難が起きたときに、必ず報告すべき人。

直接聞き出すのはやめましょう。その前に、職場の友人を見つけること（共通の仕事がなくても友人でいられるタイプの人を選んで）。まずは、自分の目と耳でしっかり観察してください。

lesson 104

「カジュアルフライデー」に惑わされない

「カジュアルフライデー」なんて困ったものです。少なくとも私は、自分の現職に合わせた服ではなく、**これからしたい仕事にふさわしい服を着るのが正解**だと思います（転職希望先がイルカトレーナーや葬儀の仕事でない場合に限りますが）。

カジュアルフライデーにも、こぎれいな（フォーマルではなく、きちんとした格好）服装で出社すると、他のみんなが比較的シワっぽく見えるはずです。やはり、ジーンズは休日にはきましょう。

下ネタを「武勇伝」にしない

インターン生や新人として働く年齢は、お酒をガンガン飲んでも健康にも社会的にもダメージの少ない時期と重なります。だけど、飲酒で羽目を外す行為は、控えめに言っても「**深刻な懸念事項**」とみなされます。太字で書いたことからもおわかりのように、これは重要な警告です。

職場に溶け込むために、職場の人と同じ飲み方をしましょう。要するに、控えめに飲むのです。いいえ、同じではなく、みんなよりも少なめにしてください！

酔っ払って職場の男性全員の前で「私はフェラが得意」と豪語する新人女子にならないように（実話です）。ダメですよ。絶対に。

lesson

ネットに仕事の感想を書かない

絶対にやめましょう。解雇につながる可能性が大です。匿名のブログなら大丈夫と思うかもしれませんが、バレる危険はあります。ネットの書き込みは、永久に残ります。インターネットは、恐ろしくおしゃべりで、いつまでも記憶が薄れません。それに**人間というものは、自分の悪口に敏感で、たちまち出所を突き止める不思議な能力を持っています。**

フェイスブックに上司の悪口を書かない。職場のパソコンから仕事の愚痴を長々とメールで送らない。**ブログで暴露したら、必ず報いを受けると思ってください。**プロジェクトも終わったことだし、「飼い主の手を噛む人間」だと悪評を立てられてもかまわないと言うなら、ご自由に。そうでなければ、他のみんなと同じように仕事の愚痴は信頼できる同僚と一杯やりながら吐き出しましょう。

lesson

クラブに行けるような服で会社に行かない

1. 大学時代は、職場に着ていけるような服を着なかった
2. ワードローブをイチからそろえるお金がない

これは、すべてのキャリアウーマンが直面してきた問題です。だから、誰でも必ず切り抜けられます。まずは、**自分の業種で働く人の服装を観察しましょう。**その上で、上質な基本アイテムを数点購入し、補足的に安いものを大量に買い求めます。

まず手に入れたいのは、上質な黒のパンツとスカート、上質なグレーのパンツとスカートです。そして、この四点のアイテムすべてに合わせられるジャケットを一着か二着と、それほど値の張らないブラウス（胸元が開いていないもの）を探しましょう。

lesson 108 高級な黒のハイヒールを一足買う

「値段が高いハイヒールは本当に違うわよ」と誰かが言っていませんか？　それは真実です。見た目が美しいのはもちろん、何よりも履き心地が素晴らしいのです。節約して週5ドルを一年間積み立て、高級デパートでセクシーさと堅実さを兼ね備えた定番デザインのハイヒールを買いましょう。大切に長年愛用してください。後悔はしないはずです。

lesson 109 社内恋愛に手を出さない

そうは言っても、おそらく経験をすることになります。ほぼ全員が。

浅はかな社内恋愛は、仕事人生における水ぼうそうみたいなもの。**だから、いつか完治します。**ただし、終わった後にきっと後悔します。「二年ほど前、同じ部署の人と三週間ほどそういう関係になって。楽しかったわ。だって、会議のときに向かい側に座っている人の裸を、私だけが知ってるんだから」。こんなことを言っている人、まわりにいませんか？

一度「病気」にかかって間違いだと思い知ったら、今後は……

lesson 110

職場の人は全員「プラスチック人形」だと思う

自分自身も、職場ではプラスチックの人形です。セックスライフを職場の話題にしないこと。性欲は、勤務外の時間に満たしましょう。

lesson 111

「仕事するために」会社にいることを忘れない

テレビのリアリティ番組の出演者と同じように、やるべきことに集中しましょう。ただし、獲得すべきはテレビの中の時代遅れのロックスターの注目ではなく、役員室の信頼です。最低でも、与えられた仕事をしっかりとこなしてください。

同僚に愛想よく親切にふるまいたい気持ちはわかります。でも、**会社はあなたの友**

人づくりにお金を出しているわけではありません。すべき仕事をきちんとやった対価として、給料をもらっていることを忘れないで。

「メンター」をつくる

自分を導いてくれるよき相談相手、メンターを探しましょう。先輩で、波長が合う人、親しみを感じる人がいるはずです。社外の人のほうが、社内の人間関係に毒されておらず、常に偏りのないアドバイスをくれるのでおすすめです。

同業他社が集まる会議や勉強会は、メンターを見つけるチャンスです。素敵な人に出会ったら、後でお礼のメールを送りましょう（ここでも「メールでフォロー」は鉄則です。**常にメールでフォロー！　と覚えてください**）。さあ、ここからが勝負です。

正面切って「私のメンターになってください」とお願いするなんて……と思うでしょうが、相手は喜ぶはずです。何度かやりとりをした後に、こう切り出してみましょう。「これまでいただいたアドバイスは、すべて大切にしています。変な言い方ですけれど、私にとって、あなたはメンターのような存在なんです。今後も、そう思わせてもらってもよろしいですか？」

ぎこちないけれど心の琴線に触れる告白を目の当たりにした相手は、心がとろけそうな気持ちになることでしょう。

直球で切り出すのは、重すぎるとか格式ばっていると感じるなら、お茶に誘い続けて十回目に「私、あなたのことをメンターだと思い始めているんです」というニュアンスで打ち明けてみましょう。

lesson 113 「会議用の表情」を練習する

私はいまだに、会議が大好きな人に出会ったことがありません。でも、会議は必ずありますし、ビジネスライフの中できわめて重要な時間です。メモ帳を用意してください。うわの空の表情を誰にも見られないように注意しましょう。

会議用の表情とは、関心と好奇心に満ちつつ中立的な表情のことです。鏡の前で練習してください。素の表情が意地悪顔の人はとくに注意しましょう。わずかにうなずいてもいいですが、本当に賛成しているときだけにしたほうが無難です。一番後ろの席にいて、きちんと聞かなくてもいい場合は、時間つぶしにアメリカの五十州名を書き出すことをおすすめします。

机の上がきれいだと優秀に見える

私のほうから日時を決めさせていただきます。**毎週水曜日の午後3時17分からの13分間を、整理整頓とリサイクルと水拭きタイムにしてください。**水拭きには引出しに常備した除菌ウェットティッシュを使いましょう。

職場の机に常備するもの

- 固形タイプのデオドラント剤
- すそ上げテープ（驚くほど便利！）または裁縫キット
- 鎮痛薬
- おやつ（日持ちがして匂わないもの）
- 好みの女性用栄養剤。女性だけではなく、気が利く男性もぜひ
- 除菌ウェットティッシュ
- 手指の除菌ジェル
- 小銭
- 旅行用歯みがきセット

- ティッシュ。とりわけ風邪の季節に
- ミントかガム

lesson 115 ビジネス相手は友だちじゃない

私自身、他人の不快感を鋭く察知するほうなので、相手がナーバスになっていると、とっさにリラックスさせてあげたくなります。でも、記者としての仕事のときは、嫌がられてもプッシュせざるを得ないときも。パーティで会っていたら絶対にしないであろう「気まずい質問」もします。それが私の仕事だし、職務を全うするのが大人というものですから。

仕事で必要なら、意地悪で事務的で冷たい態度をとってもいいのです。先ほど書いたように、友人づくりの時間じゃないことを思い出しましょう。

lesson 116 口に出して自分を卑下しない

高校時代に弁論大会や討論クラブでならした方なら、意見を述べるときに「〜と思います」「〜という感じがします」という言い回しを使わないルールはご存じでしょう。それが本音でも、決して口には出さないでください。

でも、つい口から出てしまうものです。社会人一年生や、全体を把握していない環境にいるときは、なおのこと。やりがいのある職に就いて最初の三年間は、ずっとそんな気分でしょう。

「そうですね、私の専門ではないのですが……」

「詳しくは存じませんが……」

「私が思うに、おそらく……」

これらの言い回しは、すべてダメ。本当です。**意見を人前で言うときは、はっきりと断言してください。**ふわふわと頭に浮かんでいることを、あいまいな口調で話して、みんなが賛成してくれるとでも？　確信がないのであれば、他人の時間をムダ使いするのはやめましょう。

lesson 117 職場のパソコンは、上司が合法的にチェックできると知っておく

チャット、フェイスブック、メール、ツイッター、すべてダメです。職場のパソコンでそれらを使うと、合法的にプライバシーはないですし、期待すべきではありません。**やりとりをオフィス内で朗読するようなものです。**

言うまでもありませんが、勤務中に「ポルノ」と解釈される可能性がわずかでもあ

る画像は絶対に見ないこと。何かの間違いでうっかり変なサイトが出てきた場合は、即座に直属の監督責任者に報告し、アクシデントであり二度と繰り返さない旨を伝えましょう。

lesson 118

仮病が通用するのは年に一度だけ

二日酔いは病気にカウントされません。仮病を使うときは慎重に。

lesson 119

インフルエンザなら絶対出勤しない

同僚に病気をうつすと、一生恨まれます。私だって、誰かに病気をうつされたら、殴ってやりたくなります。おとなしく家で回復を待ちましょう。

lesson 120

職場では、「感じがいい人」よりも「仕事ができる人」になる

やるべき仕事をしない。集団で行なうプロジェクトでヘマをする。あなたのミスのせいで他の人が責められたときに意見が言えない。期限が厳しいメールの返事や電話を滞らせる。そんな人は「仕事ができない人」とみなされます。しばらくの間は感じのよさや愛嬌でごまかせても、最終的には痛い目をみるでしょう。

lesson 121

長期休暇はのんびりできなくて当たり前

事前に長時間の残業をして仕事をなんとかまとめ上げ、おかしなことが起きていないかと心配しながら休暇を過ごし、遅れを取り戻すために何週間もしゃかりきに働くのが現実です。

lesson 122

でも、休暇はとること

有給の長期休暇をもらえるなら、ぜひとりましょう。お金がなくて旅行ができなくても、家でテレビを観てゴロゴロしたり、堂々と二日酔いしたりして過ごせます。

lesson 123

300円以上の備品をくすねるのは三カ月に一度まで

ペンはまあ許せる範囲ですが、しょっちゅうはダメです。ハサミはやめてください。

lesson 124

セクハラ親父は大げさに驚くと逃げる

最初に言っておきます。職場で不愉快な気分を味わう義務はありません。職場にいる他の人を不愉快な気分にさせるべきではないのです。

でも、人事課に駆け込む前に、思い出してください。自分を不愉快な気分にさせる人に、多少の反撃は許されるということを。

たいていの職場には、若い女性社員のそばで多くの時間を過ごしたがる中年男性が、最低でも一人はいるものです。**誠実かつ冷やかに対応しましょう。**一瞬、うっすらとつくり笑いを浮かべてから、少し迷惑そうに目を細め、返事は素っ気なく、**つけ込む隙を与えないように。**

デスクワークの最中にあなたのスペースに侵入してくる人には、とっておきの戦略を使いましょう。ふり向いたときに、あまりにも近くに迷惑男がいたら、「キャッ」と小さく悲鳴を上げてください。大声で騒ぐ必要はありません。周囲の人が何事かと首を伸ばしてくれる程度で。

そして、こう言いましょう。「ああ、驚いた。そんなに近くにいらっしゃるとは、思いませんでした」。これでおしまい。今の発言がかもし出した気まずい空気は、打ち消さずにそのままにしておくこと。痛々しい沈黙の中、その男はあなたの耳に息を吹きかけたらどんな目に遭うかを思い知るはずです。

それでも埒（らち）があかないときは、人事に相談しましょう。

怪しげなことが進行中だと感じたら、すべてを記録する

このとき、**職場のパソコンは使わないでください。**縁起でもありませんが、万一解雇されたら職場のファイルにアクセスできなくなるからです。日時、場所、詳細、目撃者リストに加えて、できればやりとりの一語一句を正確に書き留めること。証拠として役に立つかもしれません。

lesson 126

トラブルが起きた相手とはメールでやりとりする

厄介なメッセージを伝えるときは、文章にしてメールで送信するのがいいでしょう。受け手のほうが、即座に反応せずに、送り手の言い分についてじっくり考える時間ができるからです。誰でも、難しい内容を投げられたときは、少し余裕が欲しいものです。即答を求められるプレッシャーから、失言をする可能性もあります。それなりに良識のある人同士であれば、ひたすら怒ったり権利を主張したりではなく、文章でやりとりをするほうが、はるかに冷静に問題解決ができます。

メールで感情的に攻撃してはいけません。メールは、言いたいことを辛辣（しんらつ）に書きなぐり、爆弾を投げて立ち去るための手段ではないのです。

メールを使うと、途中で口を挟まれずに言うべき内容を伝えたい言葉でやりとりすることができます。冷静かつ理路整然と、関係者全員に効果のある解決策を求めることができるのです。もちろん、やりとりが行き詰まったときには話し合いも必要です。

怒って書いたメールは1分間寝かせる

「このメールはちょっと度が過ぎた？　少し寝かせよう」。すると、必ずメールを修正するはめになります。そして後に、自分の自制心と先見の明に感謝することでしょう。

スッキリはしませんよね。でも、**これが大人のやり方です。**

lesson 128

猛烈に嫌われたら、芽をつみとるか徹底的に避ける

相手との力関係にもよります。自分より格下または同格（肩書きではなく力関係で）の場合は、「あなたがそういう態度をとることに、自分としては困惑しているけれど、大騒ぎする問題でもないし、そちらも気持ちを切り替えてくださいね」という姿勢を見せましょう。自信に満ちた態度で。

いいことを教えましょう。**その人の悪意を燃料にして、もっとがんばろうと意欲を出すと、最終的には、あなたが必ず優位に立てます。**

その人が格上の場合は、レッスン131に進みましょう。

lesson 129 職場の鬱陶しい人が、「敵」か「単に気難しい人」かを見分ける

理由はわかりませんが、なぜかあなたのことを気に入らない人はいるものです。ただし、職場に来たばかりの人が気難しい態度を見せたら、数週間は様子をうかがいましょう。緊張してまごついているだけかもしれません。

lesson 130 仕事を日常的に押しつける人がいたら、はっきりとNOを言う

自分の担当以外の仕事までがんばろうとするのは立派なことです。でも、特定の人に、しょっちゅう仕事を押しつけられたら、自分がやるべき仕事に支障が出てしまいます。

友人のシャントレルは、新人の男性社員の仕事を手伝っているうちに、それが当たり前になってしまいました。あるとき、クリスマス休暇の二日前に巨大なプロジェクトを丸投げされたとき、ついにシャントレルは声を上げました。

「あのう……こんなこと言いたくないし、私が間違っていたら教えてほしいんだけど……でも、私は多分、このプロジェクトの担当者じゃないと思うの……」

もう少し堂々と言えたらよかったのですが。度を超えた丸投げには、声を上げましょう。

嫌な上司にはゴマをする

嫌な上司って、とにかく最悪です。ウィルス性胃腸炎と同じで、関わっていいことは一つもないし、何年たっても思い出すと吐き気がします。

でも、どうしようもありません。一般的に言って、上司はどんな場合も必ず強い立場にいます。そして**上司が善人か悪人か、公平か不公平かはさておき、彼らに気に入られるべきなんです。**憎い気持ちをぐっとこらえて、ひたすら仕事で素晴らしい結果を出し続けることです。運がよければいつか出世して、そいつをクビにできるかもしれません。

lesson 132

職場環境の問題点を見極める

新しい職場で、いきなり敬意と信頼を得ようと期待しないことです。**敬意と信頼**

は、自分で獲得しなければなりません。入社してすぐに、尊敬されて愛されることはありません。そうなるためには、何カ月も何年もの間、仕事を上手に、楽しく、有能にこなす必要があります。

品定めをされている間は、多少のトゲを感じても当然です。ただし、ある程度仕事をこなした後でも続くようであれば、本当に自分に合った職場環境なのかを考えてみましょう。

lesson 133 嫌なのは「同僚」か「職場」か？

職場には、いけすかない人も、逆にあなたをいけすかないと思う人も、必ずいます。でも、職場の天敵は励みにもなります。昇進のときに打ち負かせば、最高の気分が味わえますから。

lesson 134 ブラック企業なら転職する

職場が、あまりにも劣悪な環境なら——上司の怒りと暴力に満ち、性差別や贔屓（ひいき）が横行し、従業員が脅迫めいた気持ちで就労しているなら——身の安全を守るためにそこから逃げましょう。

問題のある職場環境が改善することは、ほとんどありません。自分が傷つく前に、その怒りを新しい職探しの力に変えましょう。

lesson 135 よっぽどの理由がない限り、一年は続ける

相性ばっちり、とはいかなくても、専門のスキルが要求されるタイプの仕事なら、一年はもつはずです。最低でも。

なんらかの理由で、そこまでもたないなら、一年未満で転職した次の職場から五年間は動かないこと。有能で地に足のついた人間だと思われたいのなら大切なことです。


基本的にはできる限り一年間は耐えましょう。その後も苦痛が続くなら、転職に向けてアンテナを伸ばし始めましょう。

lesson 136 転職活動はひそやかに

おおっぴらに行なうのは、最良の選択ではありません。直属の先輩ではない信頼できる社員に推薦状をこっそり頼むことはできますが、上司には転職先が確実に決まる

までは、何も話さないこと。内定通知を受け取り、薬物テストに合格し、勤務の初日が決まるまで、です。

lesson 137

手持ちの人脈に求職中だと伝える

ネットワーキングのレッスンを覚えていますか？ あのときの努力が身を結ぶときがきました。私心のない気さくなやりとりを通じて、互いに好感を持てる関係が続いていることを祈ります。取り急ぎメールを送りましょう。

lesson 138

退職届を書くときは

今の職場でさんざんな目に遭っていたとしても、怨恨（えんこん）をつづらないこと。転職が正式に決まったら、日付入りの改まった手紙を書きましょう。どのみち上司と個人的に話をすることになるので、思いのたけを注ぎ込む必要はありません。辞職の二週間前までには連絡しましょう。

考えてみて!

1

ネットワーキングの得意な肉食魚になったとして、どんな種類の魚になりたいですか？　特徴を書き出してみてください。

2

インターンシップの項目で、「あたしはフェラが得意」と言い放った女子のところを読んで、「自分のことじゃないの？」と思いませんでしたか？　言っておきますが、私じゃありません。

3

職場での異臭や口臭など、あらゆるトラブルを解決してくれる「職場のヒーロー」的な人は見つかりましたか？　彼らのどんな部分を参考にするべきだと思いますか？

お金

お金は私の一番苦手なテーマです。

お金に責任を持つ。衝動をコントロールする。将来のことを考えてご褒美を後回しにする。ブランドもののサングラスがなくても生きていけると気づく……これは、かなりの難関です。美味しい食事にお酒、キュートな帽子など、世の中には、購入・所有・体験したいものが、あふれています。

至近距離で、素敵なモノが「ハーイ！　ケリー！」と誘っているのに買ってあげないなんて、つらくて胸が張り裂けそうです。甘いささやきは続きます。「新しくできたブティックに入ってみない？　マカロン買ってく？　ディスカウントストアで買いたいものは？　ああ、そうだ、お腹がペコペコ。この空腹を満たすにはスシしかないわね。たっぷり食べたいなあ」。

でも、誘惑に負けて買ってしまうと所持金はゼロ。なぜなら、ほとんどの二〇代は高給の仕事や個人資産を持てるほどラッキーではないからです。唯一の強みは、二〇代の貧乏が、七〇代の貧乏よりは、惨めに見えないことでしょうか。

お金との付き合い方は、下手よりも上手なほうがいいに決まっています。下手だと痛々しい経験が増えるだけです。たとえば有名なお店でチキンをテイクアウトしようとして、現金もデビッドカードの残金もなかったときほど、惨めで愚かな気分になることはありません。

自分でコントロールできる金額を知る

「お金に責任を持つ」という崇高なテーマに入る前に、現実的にできることから考えましょう。**経済の分野では、「期待値」の設定が重要なのです。**

資産運用に成功している方はいらっしゃいますか？　両親と実家で同居している方は？　最近、生活スタイルが変化した方は？　経済状況は変化して当然です。完全にコントロールすることはできませんし、慌てて自己判断する必要もありません。

まずは現実的に、「今の状況で自分にできること」を考えましょう。とりわけ**「今できること」を重要視すること。小さなことでも「自分でコントロールできる要素があること」が、大切なのです。**過去の失敗は、段階を踏んで必ず修正できます。落ち込まないで。

とはいっても、私は「お金の達人」ではありません。節約家ではないですし、不渡り小切手を絶対に出さないとは断言できません。

だけど、達人とまでいかなくても、それなりに上手に扱えるようになってきました。以下のレッスンを参考にしてもらえば、誰でも乗り越えられるはずです。

お金の問題は見ないようにしても消えない

気をつけないと、あっという間にお金はなくなります。所持金を小銭単位で用心深く見張るなんて単調でつまらない作業ですが、やるしかないのです。自分の財政事情をコントロールするには、現実を真正面から見つめるしか道はありません。そして、最初に必要でもっとも重要なことは……

予算を決める

予算は、「会議」や「年に一度の婦人科検診」と同じく、「楽しくないけれど不可欠」です。「子宮頸がん検診」のように、終わってしまえば、「私は管理能力のある有能な人間だ」という気分になれます。

lesson 141

収入額を正確に把握する

予算を決めるにあたっての最初のレッスンは、月ベースの収入を把握することです。固定給の人がほとんどでしょうが、サイドビジネスの副収入がある人はもちろん含めてください。

数字が出ましたか？ **それ以上のお金を使わないこと。以上です。** 言い訳の余地はありません。

lesson 142

いくらあったらひと月生活できる？

毎月必ず出ていくお金をリストにしましょう。家賃、請求書、食料品、ガス、毎月の引き落とし。予期せぬ支出に備えて収入の5％を予備費に。さらに給与が出るたびに10ドルを貯金（レッスン154）。これがひと月の生活費です。長期目的の貯蓄は含みません。

lesson 143

コーヒー飲みすぎてない？

住宅ローン仲介業のコンラッドは、「過去半年分の銀行とクレジットカードの明細をじっくり見直すとよい」と言います。

「今のお金の使い方をたどるのが、最初の一歩です。この店でお金を使った。食事にいくら、ガス代にいくら、娯楽代にいくら、買い物にいくら……と書き出してみましょう」

そして、**不必要だった支出すべてを明細書に蛍光ペンでチェックします。**心にグサグサと突き刺さるかもしれません。ひと月にコーヒー代が57ドル89セント？　これは痛いです。流血するようなお金の遣い方はやめましょう。

買い物に罪悪感を持たないために予算を守る

逆説的に聞こえるかもしれません。でも、予算内の出費を心がけ、お金の使い方に責任を持つと、臨時収入でアクセサリーを買うことに罪悪感を持たなくてすむのです。

あるブログ読者の賢明なコメントです。「予算を守ることで、自由が生まれる……収入から支出と貯金を引けば……残りはすべて自分の好きに使える！　罪悪感を持たずにお金を使えるのよ」。

lesson 145 一日の限度額は15ドル!

一日に使えるお小遣い（5ドルや15ドルなど）を決めて厳守しましょう。**繰り越しはできても、未来から前借りはできないルールで。**

lesson 146 払ったお金を書き出す

お金を貯めたい人は、払うたびに書き出しましょう。ダイエットをするときに食べたものをすべて書き出すのと同じです。レッスン143に似ていますが、こちらは継続的に行ないます。

ささやかな作業ですが、支出に責任を持つことで、ムダを抑えられるのです。一瞬立ち止まって考えるクセをつけると、お金を不必要に手放しづらくなります。

lesson 147 「買い物」と「お酒」は流されると失敗する

買い物をするのは、お金があるから。お金を使うと気分がいいから。数枚の紙幣と引き換えに、世界中のあらゆる素敵なものが手に入るなんて最高ですよね！　でも、買い物は飲酒に似ています。控えめにすることもできますが、破滅とまでいかなくても、行き過ぎたり、身を滅ぼしてしまう可能性もあるので。

気晴らしのために買い物をしていませんか？　悲しみを紛らわせるためには？　結果を省みずに買ったことは？　「買う（飲む）べきじゃないかも」と一瞬迷ってから「少しならいいか」と流されて、翌朝後悔するところも似ていますよね？

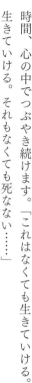

「買わない呪文」をあみだす

買わないことをゲーム感覚で楽しみましょう。たとえばＩＫＥＡは、若者にとって誘惑の宝庫。精神力が強い者だけが生き残ることができます。私は店内をうろつく4時間、心の中でつぶやき続けます。「これはなくても生きていける。あれもなくても生きていける。それもなくても死なない……」

lesson 149

「ウインドウショッピング拷問」をしないで！

「ウインドウショッピングで気晴らしをしたら？」と提案するのは、ダイエット中の人に、「人がステーキを食べているのを見て気晴らししたら？」とアドバイスするようなものです。

私はリサイクル店めぐりが大好きです。安い値段で素敵なアイテムを探すのが楽しいのです。でも、年収が2万4千ドルだった22才のときは、10ドルの余裕さえありませんでした。リサイクル店に行くと必ず何かを気に入ってしまう私は、学習したのです。**「せっかく気に入ったものを見つけても買えない」という拷問を受けるのは無意味だと。**

買い物を減らすには、店に入らないのが一番です。お金がなくても悲しくない場所、たとえば公園や、同じぐらい貧乏な友人の家に遊びに行きましょう。

lesson 150 クレジットカードは「ヴォルデモート卿」

残高が残りわずかなときにクレジットカードで買い物することは、絶対にやめましょう。仕事で必ず着る服でもいけません。もう二度と出会えない完璧なアイテムでもダメです。負債は、最大最強の恐ろしい敵。ハリー・ポッターにとってのヴォルデモート卿です。打ち勝つために、あらゆる手をつくすべきです。

私の父が以前言っていました。「クレジットカードは、月々の支払い自体はわずかですむが、**負債のためにただ働きをしていることになる**」と。

ただ働き。人類の歴史において常に、ただ働きは厳しい立場に置かれた人間のすることです。どうかそうならないでください。

カードで少額の買い物をして、一括払いにするのはかまいません。でも、30パーセントの金利は一生払わないようにしましょう。クレジットの負債を毎月全額返せない人は、カードで買い物をするたびに店頭小売価格よりずっと多く払っていることを肝に銘じてください。

毎月必ず返済する自信がある人は、カードを活用しましょう。キャッシュバックや航空会社のマイレージなどの特典が受けられます。ただし、**支払いに関して「超優等生」の人に限ります。**マイレージを理由に負債を抱え込んでは、元も子もありません。

lesson 151 クレジットカードを凍らせる

ブログ読者レアからの名案です。文字通り、凍らせてしまうのです。水を張った容器にカードを沈めて、冷凍庫に入れます。使いたいときは、取り出して解凍。**買う前に、何時間か考えることになります。**

そして、ある程度の収入ができて、お金の心配が少なくなっても……

lesson 152

買う前に「欲望」を寝かせる

一週間は寝かせて、本当に必要で心から欲しいかを考えるべき、と多くの人が言っています。一週間は厳しいかも、と個人的には思いますが、せめてひと呼吸は置きましょう。いったん店を出て、頭を冷やしてください。戻ってくる頃には欲望が消えていたり、なぜこんなつまらないものに心を奪われたのだろう、と思うかもしれません。

lesson 153

目当てのもの「だけ」を買う

一つ買うつもりが一四品を抱えてレジに行きそうな店（IKEA、ターゲット、ホールフーズ、H&M）に行くときは、前もって買い物リストをつくり、それ以外には目もくれないつもりでいましょう。「コーヒーテーブルがたったの30ドル！」の誘惑に負けて、給料日までラーメンをすするはめにならないように。

lesson 154

10ドル貯金をする

たとえ貧乏でも、二週間に一度の給料日に10ドル貯金は可能です（訳注：アメリカでは二週間に一度給与が支払われるのが一般的）。本当に本当は20ドルにしたいところですが、最低金額として10ドルを。これはオプションではなく必須です。これからは10ドルの貯金を予算に含めましょう。

緊急費用として３００ドルを準備する

二週間に一度の10ドル貯金を続けると、年度末には２６０ドル、小さな緊急事態に必要とされるおよその額が貯まります。車のタイヤ交換。違反キップの支払い。ルームメイトが最悪のタイミングで出て行った……。わずかなお金の積み重ねが、いつかの時点で助けになります。クレジットカードに頼ったり実家の親にすがったりせずに難所を乗り切ったら、自分をほめてあげてください。

lesson 156

三カ月分の生活費をストックする（半年分ならすごい！）

実は私はできていないのですが、ぜひやるべきです。上品に「セイフティネット」、乱暴に「ファック・ユー・マネー」などと呼ばれるこのお金は、悲惨な状況――ブラック企業（レッスン１３４）や同居中の性悪ボーイフレンド――から抜け出す自由を与えてくれます。

ファイナンシャルプランナーのロンは、「**チャンスと緊急用の資金**」と呼んでいます。

「就職活動に使う交通費とか、車の修理費にあてれば、負債を防げます。いたくない会社にずるずると残らないための資金にもなりますよ」

lesson 157

わずかな貯金でもゼロよりはマシ

貯金に関しては、「良」は「最良」の敵ではありません。わずかでもゼロよりはましです。

お金がなくても楽しむには

大金を使ってはいけないことは、もうおわかりですね。「ちょっと待って！」小さな金切り声が聞こえます。「それじゃあ、ちっとも楽しくない！」安心してください。ちょっと頭を使えば、お金がなくてもじゅうぶん楽しめます。貧乏を楽しみましょう！

お金ではなく頭を使って安く服を買う

お金があれば、どんな人でも素敵に見せることができます。ブサイクなお金持ちって、あまりいませんよね？

でも、**お金がなくてもキュートにはなれます。コツは、お金よりも時間を使うこと。**高級デパートで111ドルの素敵な服を見つけるほうが、ネットオークションで3・5ドルで見つけるよりも、はるかにラクです。でも、時間をかければ安くて素敵な服は見つかります。

買い物をするときは、目的のアイテムを念頭において、完璧な一点を見つけることに集中すること。目的もなく洋服の買い物をすると、必要がないものを大量に買い込む羽目になります。「白のレースのブラウス」や「ハイウエストのグレーのウールのスカート」と決めて探せば、すばやく見つかるはずです。

安くていい物を探せないときは、上質のブランド物の服を買うと、長く使えて節約になります。やはり縫製や生地の質がいいものを探してください。前もって高級デパートの〈サックス・フィフス・アヴェニュー〉に忍び込んで、高品質の洋服がどんなものかをチェックしてみても。もちろん買い物せずに立ち去ってください。**〈サッ**

クス〉で買い物できるのはビヨンセだけです。

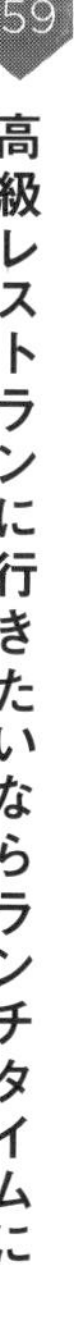

lesson 159 高級レストランに行きたいならランチタイムに

贅沢で楽しいし、**4割引きの値段**でディナーと同等に美味しいものが食べられます。

lesson 160 安価な「お楽しみ」を見つける

フレンチプレスを買って、コーヒーの淹れ方を研究して友人にふるまう。安いワインと3ドルの冷凍の前菜を買ってくる。冬は持ち寄りのホームパーティ、夏は公園でピクニック。お楽しみの方法はまだまだあります。

店に飲みに行くと、最低でも15ドルかかりますが、数人で10ドルのワインを割り勘してボードゲームで遊べば、**三分の一のコストで楽しい時間がすごせます。**

バーのはしごや高価な外食に誘う友人には「予算が厳しいので」と断る勇気も必要です。

lesson 161

友人にお金を借りない

ダメです。絶対にいい結果になりません。「貸す」のもやめましょう。助けたいなら、あげるつもりでいること。現金でなく夕食をごちそうしてもいいでしょう。いつか何かの形で返ってきます。

lesson 162

「価値のあるもの」を見分ける

聡明な友人サラによると、飼い犬の爪切りにかかる費用は、必要不可欠な出費です。おびえた犬が流血するような結果を招かないためには、支払う価値があるのです。車のオイル交換。寒さから守ってくれる上質な冬用コート。交通手段が自転車しかない場所での頑丈な自転車の購入。これらは、すべてこのカテゴリーに入ります。

次のことを判断材料にしましょう。

- そのグッズやサービスに、どれだけ自分が頼っているか
- 自力でもできるが、実際は失敗してかえってコストがかさむ可能性がないか
- その二倍のお金を出せば、四倍長持ちするものが買えないか

lesson 163 長く使うならちょっと贅沢もOK

外食すると、40ドルもの大金を、わずかな時間に捧げることになります。いくら食べるのが遅い人でも、せいぜい二時間半でしょう。

グッズやサービスは、時間と値段の兼ね合いを考えるとよいでしょう。一例を挙げると、私は、品質のいいファンデーションを購入します。ドラッグストアの11ドルよりも、デパートの35ドルです。でも、35ドルのボトルは七カ月以上もちます。月に5ドルなら、いいファンデーションには惜しくない値段です。

lesson 164 でも、予算も考える

だけど、注意事項があります。先に書いた「長く使うならちょっと贅沢もOK」によって、**ほぼすべての買い物を正当化できてしまうのです。**でも、35ドルしか手持ちがないなら、どんなに透明感が出せてニキビ予防になって完璧な肌が続くとしても、ゴーサインは出せません。

収入以上には絶対に使わないこと！稼いだ額以上に使わない。それが、お金を貯める唯一の方法です。

以上が、お金がない人の処世術です。悪くないでしょう?もちろん、貧乏よりも、裕福なほうがいいに決まっています。子どもの養育費や長期の失業という負担がなければ、5年間の努力で経済状況をかなり向上させることができますよ。

Discussion Question

考えてみて!

1

これまで購入した服で、一番高価なものはなんですか?

2

「嬉しさ」と「罪悪感」の比率はどのくらいでしたか?

3

クレジットカードが使えなかったことはありますか? そのとき、シュンとして買うのをあきらめましたか? 怪しげな言い訳をしませんでしたか?

「まあ、どうしましょう! 銀行に連絡しなくちゃ! 大変なことが起きたんだわ!」まるで、口座に残高がないのは詐欺グループの仕業だといわんばかりに店から走って出た?(それは私です)

4

私たちがまだお金持ちじゃないのは、どうしてだと思いますか?

メンテナンス

どんなものも、いつか壊れます。ゆっくりと崩れてゆくものもあれば（例：山）、早々に壊れるものもあります（例：オイル交換をしていない車）。

悔しいことに、手入れは一度ではすみません。一度解決したらその状態がずっと続いて欲しいものですが、そうはいかないのです。私たちの宇宙は、常にカオスに向かって流れています。そして、大人になると一度起きた問題を繰り返し、永遠に、解決し続けなくてはならないものが増えます。

幸い、メンテナンスは思うほどつらくて苦しい作業ではありません。人生で使うアイテムの大半は、毎日2分以下、または数カ月に一度心をこめて1時間手をかけてあげるだけで、無事に機能してくれるもの。少しの手間が、大きく報われます。

今、少しの手間とお金を使うことで、将来、大きな出費や不便や心痛を経験しないですみます。これを、毎日見えるように、まぶたの裏にでも刻み込んでください。

デリケートな素材のシャツは、ハンガーにつるしてしっかり乾燥させてからクローゼットにしまえば、死んだクラゲみたいにべったり体に張り付いて気持ち悪い思いをせずにすみます。

定期的に車のオイル交換をするのは、責任感の強さを証明するためではなく、いつか結婚式に向かう途中の田舎道で車が故障するという憂き目をみないためです。

お金まわりや健康や人間関係のケアなんて、考えただけでストレスという人もいるでしょう。**でも、確実にいつか必要になります。始めるなら早いほうがいいのです。**

この章では、「形のあるモノ」の手入れについて説明します。お金と人間関係、その他のことについては、別の章でカバーします。まずは、一つ大切なコツを覚えましょう。**いいモノを所持したら、丁寧に扱うことです。**

服

仕事ができる人を思い浮かべてください。

次に、しょっちゅうシミのついた服を着ている人を思い浮かべてください。

100パーセント、前者と後者は別人のはずです。

お金の章で学んだように、服の買い物に大金を使う必要はありません。それよりも、**おしゃれに見せたいなら、持っている服にしかるべきケアをほどこすべきです。**たとえば、服に適した水温と方法で、同じ色のものと一緒に洗濯する。色で区別するのは、人間の世界では人種差別ですが、服に関しては大切なことです。

服の手入れのために持っておきたいアイテムは以下の4点です。

- 色あせしない液体洗濯洗剤
- 洗濯用シミ抜き剤
- 下着やストッキングを入れるメッシュの洗濯ネット
- 針金製ではないハンガー

lesson 166

シワのある服は厳禁!

旅行用のハンディサイズではなく、台つきのスチームアイロンを買ってください。スチームを使うと、効果は絶大。あらゆるシワがみるみるとれて、清潔な香りが立ち、生き返ったように古い服が新しく見えます。

使うときは、服の裏側からゆっくりとスチームアイロンをすべらせます。スチームが当たるように角度を変えてください。指先をやけどしないように気をつけて。オーブン用のミトンを、アイロンを持っていないほうの手につけるのも一策ですが、熱い湯気はミトンでは完全に防げません。スチームアイロンを使うときは、安全第一に。

アイロンは、細かい部分をパリッとさせたいときに役立ちます。白いシャツの襟が美しく糊付けされていたら、素敵ですよね。アイロンは、スチームと霧吹き機能があるもの（たいていのアイロンはそうです）を買いましょう。

アイロンをかけるときには、アイテムに適した温度に設定しましょう。**適温より高い温度に設定しないように。**服が焦げてしまいます。かけるときは、常にゆっくりと動かし続けますが、絶対に服の上に置いたまま放置しないこと。襟やカフスなど細かい部分から始めて、最後に広い面をかける人が多いです。ただし、**すべての面にアイロンをかけること。少しでもアイロンをかけた服は、逆に小さなシワが目立ちます。**

lesson 167 デオドラント剤が乾いてから服を着る

液体デオドラント剤を肌に塗ったら、数分間待ってから服を着ましょう。服を脱いだら、脇の下の部分の生地にヘアスプレー（レッスン172）かシミ取り洗剤を吹き付けます。

lesson 168

たいていの服はお湯ではなく水で洗濯する

汚れがそこまでひどくない限り、お湯を使う理由はありません。お湯で洗濯すると、色あせや縮みの原因になり、エネルギー効率もいいとは言えません。

lesson 169

洗濯は差別主義者で！

白物、汚れ物、色物を分ける。色落ちしそうな服には、特に注意を払いましょう。何度か洗濯して色落ちしないとわかればいいですが、新しい服には気をつけること。**濃い色の綿素材と絞り染めは色落ちしやすいです。**

lesson 170

手洗いができれば「ちょっといい服」も買える

デリケートな素材はすべて手洗いできますし、そうすべきです。難しくはありません。大量の洗濯物をクリーニング店に運搬するより、ラクかもしれません。レース、シルク、高級セーター、ブラジャー、ほとんどの高級下着は次の方法で洗いましょう。

シンクかバスタブに水を張り、洗濯洗剤を加えます。食べ物や油シミがあるときは、食器用洗剤を少し加えましょう。

洗剤を溶かした水にアイテムを入れて、しっかり振りさばきます。最低30分つけ置き、時々振るように洗って水を抜きます。新しい水を張ってすすぎ、干して乾かします。

なんでもかんでも乾燥機に入れない

乾燥機は、衣類の老化を確実に早めます。アメリカ大統領に就任するのと同じ影響があると思っていいでしょう。以前は若々しく精力旺盛に見えた衣類が、しなびた白髪のおじいさんになってしまいます。

乾燥機に入れて大丈夫な衣類もあります。ジーンズ、ソックス、Tシャツ、それらと同じぐらい丈夫な衣類は問題ありません。弾力性や伸縮性の高いもの、たとえば水着や化繊がたくさん入ったもの、デリケートなものは、乾燥機に入れないで。折りたたみ式の物干しか洗濯紐で乾かしましょう。

＊濡れて重くなった衣類をハンガーにかけないこと。肩の部分に重みがかかって伸びてしまいます。セーターや重量のあるワンピースは、タオルの上に平らに載せて、そっと形を整えて乾かしましょう。

シミ取りにヘアスプレーと食器用洗剤を

20年にわたって中古服店〈リル・ジプシー・ヴィンテージブティック〉を経営しているサムは、洋服のシミと匂い取りにかけては、チャンピオン級の腕前です。

そのサムがシミ取りにいいと断言するのが、1ドルショップで買えるエアゾールのヘアスプレー。シミ取り洗剤は効果に当たり外れがあるけれど、ヘアスプレーをかけるだけで、ほとんどのシミが取れるそうです。

食品や油脂の汚れなら、透明な食器用洗剤を使いましょう。

「食品のシミには一番効く」とサム。フライパンの油脂汚れが落とせるなら、シャツについた油脂汚れも落とせる、というわけです。

衣類に食べ物のシミがついたら、すぐに濡らして食器用洗剤をもみこみ、洗濯機に入れましょう。洗うときはお湯ではなく水を使い、乾燥機にかけないこと。**熱を加えるとシミが衣類に定着します。**水洗いのほうが、衣類を救えるチャンスが増えます。

lesson 173

匂い取りには「酢」が効く

洗濯機一回分につきホワイトビネガーをカップ一杯投入すると、匂いが中和されます。

サムいわく、酢と重曹を混ぜてつくったペーストも、シミに絶大な効果があり、とりわけ脇ジミに効くそうです。

漂白剤を恐がらないで！

以前の私は、漂白剤恐怖症でした。衣類にポツポツと漂白された白いシミができたらどうしよう……。でも、漂白剤にそういう作用はありません。**漂白剤は、あなたの友だちです。**もちろん白物に使ってください。白物以外には使わないで。服を入れる前に洗濯機に水を張り、漂白剤を適量入れて、しっかりと混ざっていることを確認してから白い衣類を入れてください。サムが言うには、外干しで太陽に当てて乾かすのがベスト。そうすることで、白さに磨きがかかります。

lesson 175

白を着る日にしてはいけないこと

白だけでなく、パステルブルーやパステルピンク、薄いグリーンなど、ベビー服に好まれる色合いの衣類全般に当てはまります。

朝、白い服に袖を通す前に、帰宅して無事クローゼットにしまうまで次のことを守

れるかを考えましょう。私の経験上、これらは「努力目標」ではなく「必須事項」です。

- トマトベースのスープを注文しない。「オレンジ色の油」が浮いているものは絶対に
- 筆で絵を描かない
- 油性ペンを使うときには慎重に、細心の注意を払う
- 車を運転しながら、ウエハース以外何も食べない
- 用心深くガソリンを入れる以外に車のメンテナンスに関わらない
- マスタードの存在を忘れる。見ないふりをする
- 地面に座らない
- チリ・チーズをかけない
- お祭りに行かない。お祭りはこれらすべてに加えてフェイスペインティングもある危険なエリアです

こうして、白い衣類を守り抜いて帰宅したら、すぐに脱ぎましょう。自宅は安全なスペースですが、**消えないシミは、37パーセントの三乗の確率**（私独自の見積りですが、

だいたいこれぐらい）**で自宅で発生します。**

lesson 176 タコスはバッグに入れない

次のものを、ハンドバッグやバックパック、カバンに入れてはいけません。たとえ、他に場所がなくても、入れると最悪の事態を招きます。

- タコス
- 缶入り炭酸飲料、液体の入ったボトルは厳禁。完全に密封されている場合は除く
- インク漏れしたペン。**インクが漏れた**（たとえ一度でも！）**ペンは、妹と寝た**（**たとえ一度でも！**）**ボーイフレンドと同等の扱いをすべし。**そんな悪党はつまみ出しましょう。人生に必要ありません
- 外気温が32度を超えた日は、真っ赤な口紅
- シミをつくりそうなメイク用品（ファンデーション、鮮やかな色のグロス、リキッドアイライナー）。持ち運ぶ場合は、チャックのついたケースに入れる

旅行先であらゆる持ち物がシャンプーまみれになっていた経験がある人は、〈ジップロック〉にしまう大切さを痛感したはずです。

腕のいい「仕立て職人」を探す

今すぐじゃなくてもいいです――一度オーダーメイドにはまると、やめられなくなる可能性が高いので。スーツやワンピースドレスなどの高級服に大金を払ってきた人なら、あと15ドル上乗せして、身体にぴったりフィットするものを仕立ててもらわない手はありません。会社勤めの人なら、同僚の口コミが当てにできるはずです。腕のいい仕立て職人は、腕のいい修理工と同じで、自力で探し当てるのが大変です。ネットでも当たり外れがあります。会社の人か、親の知り合いでセンスがいい人に、たずねてまわりましょう。

lesson 178

諦める前にドライクリーニング店に相談する

ドライクリーニング店は魔法使いです。救出不可能に思える衣類を復活させるだけではなく、色あせてペタンコで悲しげだった衣類を新品に様変わりさせてくれます。

以前、キャメルのコートを濃い色のリップライナーで汚したことがありました。無残にも、コートの前面にサンゴ色のラインがくっきりと……私はスポーツジムの更衣室で涙を流しながら、聞いてくれる人に誰彼かまわず「大事なコートを台無しにした」と愚痴り続けました。すると、着替えの真っ最中の親切な女性が、一糸まとわぬ姿で同情してくれ、「ドライクリーニング店に持っていけば？」と提案してくれたのです。

今でもそのコートは健在です。ドライクリーニング店が、神業のようなシミ抜きをしてくれたおかげです。

家まわりのこと

家の日常的な手入れのほとんどは、基本的な掃除ですが、それ以外にも、モノの使いやすさを維持するためにできる（すべき）ことがいくつかあります。

lesson 179

自炊はしてもコンロはきれいに

料理中にこぼしたらすぐに拭くこと。でないと、油脂や食べ物が燃えてしまいます。

lesson 180

冷蔵庫は「腐ったもの置き場」じゃない

ものを腐らせてドロドロの液体にしないだけではなく、四カ月おきぐらいにチェックすべきことが三つほどあります。簡単にできて短時間で終わります。

1. 冷蔵庫のコイルにホコリがついていないかを確認しましょう。コイルは冷蔵庫の裏または下にあります。下にある場合は、フロントパネルを外す必要があります。必要なら、ほうきでホコリを払いましょう
2. ゴム処理されたドアのエッジを水拭きします。ここにひび割れやゆがみがあると、冷蔵庫が失われた冷気を取り戻すために過剰に稼動することになります。ドアを閉めた状態で1ドル札を差し込んで下に落ちるようなら、密閉されていない証拠です
3. 冷蔵庫の中を拭き掃除します。ホワイトビネガーで拭き取ると、カビが防止できます。容器に入れた重曹を置いておくと、匂い取りになります

排水口はゴミ箱じゃない

髪だけでなくオートミールなど、ベトベトした塊になりそうなものも、すべて流さないこと。シンクやバスタブの流れが悪くなったら、完全に詰まる前に処置すること。ただちに排水口のつまり取り剤を買ってきて、使用説明書をきちんと読み、処理しましょう。

健康

このテーマは、どう書いてもお説教モードになってしまいます。そして、健康についてガミガミ言われることほど、後ろめたくて嫌な気分になることはありません。「ほっといてちょうだい！」と開き直りたい気持ちはわかります。なぜなら、**そのガミガミが図星だから。**

この世で生きていくために、**自分の身体よりも大切なモノは存在しません。**自分の身体は、たった一つしかありません。そして自分の行動のいくつかは、取り返しのつかないことなのです。

でも、身体を痛めつけるのは、とっても楽しいですよね（その瞬間は）。バナナよりもドリトス、水よりもダイエット・コークのほうが美味しい。外で飲み会をして夜更かしするのは最高です——翌朝に後悔するまでは。

実は私は、かつてヘビースモーカーでした。タバコが大好きで、これまで吸った何万本ものタバコの一本一本を愛していました。それほどタバコが好きなのに、吸うたびに少しずつ自分が嫌いになりました。

自分の身体は、いたわるべきです。絶対に絶対に。これは義務です。二〇代の人なら、悩みといえば、二日酔いと二の腕のぜい肉ぐらいしか、見当たらないかもしれません。でも、たとえ今の段階では目に見えなくても、確実にしっかり蓄積しているのです。

これまでに一度ぐらい、健康的な生活をしていた時期はありませんか？　正しい食生活とエクササイズ、十分な睡眠。そんなことを心がけていた時期は気分がよく、感情も穏やかだったはずです。身体をいたわるために、有機栽培された野菜しか食べないヨガインストラクターになる必要はありません。**毎日ちょっとした正しい選択を積み重ねていくだけで、ゆっくりですが確実に、今よりも健康になります。**

これから話をしてくれる友人エリザベスは、外科医です。エリザベスの身体の扱い方は、私とはかなり違います。

lesson 182

やるべきことはかなりシンプル！

「こんな風に考えてみて。自分の身体には、いくつかの穴が開いている。モノが入ってくる穴と、モノが出て行く穴があって、呼吸をしている皮膚に覆われているの」。

健康を守る秘訣は、入ってくるモノに注意して、出てくるモノを観察し、皮膚を守る

ことなのです。

絶対にタバコは吸わない。吸っている人はやめる

「自分の患者さんには、**タバコを吸うよりも清潔な針でヘロインをやったほうがましかも、**と伝えているわ」とエリザベス。**本数を減らさないよりは減らしたほうがいい。**エリザベスは、一日に吸う本数を翌月は一本減らすようにすすめているそうです。

自分が「今がやめどき」と思わない限り、タバコはやめられません。他の誰の言葉も、もちろん本を読んでも、決心には結びつきません。**他人からのプレッシャーで決めさせられるのではなくて、決めるのはあなたです。**今度タバコが吸いたくなったら、「今は吸うのをやめる。後で吸うかもしれないけれど、この一本は今必要ない」とつぶやく選択肢もあることを知っておいてください。

lesson 184

「大手食品会社の製品」を減らす

私たちが太る理由は、「もっと食べたい」と思わせる美味しい食品を開発するために巨額の予算がつぎこまれ、膨大なリサーチが行なわれているからです。

エリザベスは言います。「あまりにも美味しすぎると思ったら、一考すべき。たとえば、バナナを7本食べようとすると、身体のほうが『もういらない』と受けつけなくなる。なのに、同じカロリー分のマクドナルドを食べると、もっと食べたくなるのよ」。

スーパーで買い物するときのコツは、店の端をぐるっと回ること。ここにはたいてい生鮮食品のコーナーがあり、果物、野菜、肉、少々の炭水化物という、人間が数千年の昔から食べてきたものが置いてあるからです。**大手食品会社の製品を減らせば減らすほど、健康になり、活力がわき、健康的な体重を維持できるようになります。**

lesson 185 昨年増えた体重は今年も増える

人はそれぞれ体型もサイズも違います。**大人になるということは、ありのままの自分の身体を受け入れること。**そして、**個性にしかすぎないことに、悩み苦しんで精神的エネルギーを注がないことです。**自分の身体について、あまりにも不健全な印象を持ったり、食べ物や体重（「健康」ではなく「体重」）がやたら気になったり、いかに痩せて見えるかを自己イメージの基準にするなら、それらは摂食障害の症状なので、専門のカウンセリングを受けるなどの治療が必要です。

そうは言うものの、肥満は深刻な健康上の問題であり、誰でも無関係とはいきません。

何万年もの間、厳しい環境で暮らしていた時代には、効率的にエネルギー（つまり脂肪）を保てる身体を持つ人間だけが生き残ってきたのです。そんな必要がなくなったのは、ここ百年ほどのこと。自分の身体が自然の摂理に流されそうになるのを責めることはできません。生物学的には道理にかなっており、何千年もの進化的淘汰はこうして行なわれてきたのです。

だからこそ、身体をあるべき姿に保つ方法を自分で探すべきです。自分に適したエクササイズと摂取カロリーを知りましょう。

「昨年の体重が55キロで、今年は57キロだとしましょう」とエリザベス。「生活習慣を変えない限り、四年間で8キロ増える計算よ。一年で2キロ増える習慣を確立したといえば、ほんのわずかな変化だし、2キロを365日で割ると、一日の変化は目に見えないほど。でもこのままでは10年後に20キロ増えるのよ」。

lesson 186 おやつはフルーツ、チーズ、枝豆オンリーで

この広い世界には、「これがあれば他のものは我慢できる」と思える健康的なおや

つが、二つや三つは見つかるはずです。探してください。たとえば、冷凍ラズベリー、みかん、低脂肪のストリングチーズ、枝豆。家に大量にストックして、いつでも気兼ねなくボウル一杯（ストリングチーズの場合はゆっくりと裂きながら二箱）食べても大丈夫です。

「空腹を感じるまでは食べないで！　ストレス解消に食べないで！　テレビを見ながら食べないで！」と言われても、たいていの人は、そうした習慣が染みついています。**低カロリーで身体にいいものを食べるという妥協策が有効でしょう。**

一回の食事量を「まともな人間の量」にする

私は、9キロ体重が増えてから、痩せる決意をしました。でも、好物を食べるのを我慢はしませんでした（ちなみに私の好物は、動物性脂肪を含むものと、南部の高齢男性が好む食べ物すべて——つまりフライドチキンに代表される揚げ物——です）。**実行したのは、好きな食べ物を「人間が本当に必要な分量だけ」食べることです。**

12オンス（約340グラム）のステーキは、ステーキ一枚ではありません。ステーキ三枚分です。ポテトチップスの大袋の半分は、一人分ではなく、一日に必要とされる摂取カロリーの4分の1なのです。一回の量を減らすコツは、

❶ **ゆっくりと食べる**
❷ **次に手を伸ばす前に少し待つ**

の二つです。

ポテトチップス14枚をゆっくり食べるだけで、同じ時間内に140枚食べるのと同じくらいの満足感が得られるでしょう。

lesson 188 必死にならないですむエクササイズを見つける

身体は動かすためにあります。食事と排泄とセックスを除けば、私たちの筋肉は、動くために存在するのです。時々でもよいので身体を動かしましょう。一日10分でも、ゼロよりはマシです。

スポーツジムに通う必要はありません。Hulu（動画配信サービス）にヨガの動画がたくさんありますし、ウォーキングなら無料でできます。踊りに行ってもいいし、自転車に乗っても、アパートのまわりをジョギングしてもいいのです。いろんなことを試してください。バカバカしくなったり、格好悪いと思うかもしれませんが、**次第にトレーニングではなく、楽しいことをしているという感覚になり、日ごとに身体と心の連携がとれていくのが感じられるはず。そのまま続けてください。**

注意してほしいのは、健康的に減量するために、「全力で挑む必要はない」ということ。私が通っているジムのフィットネスコーディネーターであるティナの指摘ですが、激しいトレーニング、たとえばエアロビクスなど、息があがって話ができないほどの運動中には、それほど多くの脂肪が燃焼していません。身体が効率的に酸素を取り込めないからです。

ちなみに、プロのアドバイスや助けは、お金を払わなくても手に入ります。オンライン上にさまざまな素晴らしいサイトがありますし、カロリー計算から禁煙まで、あらゆるアプリが存在するんですから。

lesson 189

ビタミン剤やプロバイオティクスもやってみる

脂肪分の少ないたんぱく質、フルーツ、色とりどりの葉つきの野菜だけを食べている人は、必要なビタミンすべてを摂取できているでしょう。でも、そういう食生活をしている人はどのぐらいいますか？　自分にはムリという人は、補助食品を使いましょう。

❶ **オメガ3脂肪酸のカプセル**　「オメガ6ではなく、オメガ3を摂りましょう。実際に、食品医薬品局と薬会社により、血中のトリグリセリドのバランスが

復元することが証明されています……実は、私はピザとビールの食事を正当化するために摂取しているの。身体によくないものを食べる埋め合わせに、せめて身体にいいものを取り込もうと思って」

② **プロバイオティクス** 善玉菌と呼ばれる微生物。腸内環境のバランスを保ち、悪玉菌から守る役割をします。「免疫システムの60パーセントから70パーセントは、消化器官に存在しているの。一錠飲むたびに、私のために戦ってくれる微生物が三〇〇億個増えるのよ」

③ **妊婦用サプリメント** 「とりわけ出産適齢期の女性には、妊婦用サプリメントの摂取がとても大切。避妊していても、妊娠の予定がなくても摂取して」赤ちゃんを産むつもりがなくても、これらのサプリメントには、健康によい有効なビタミンとミネラルすべてが含まれているので、髪や爪、そして自分自身も健康になります

lesson 190

処方箋には目を通すこと

他の処方薬（または生活習慣）に差しさわりがないのを確認すること。抗生物質には、避妊薬の効果を失わせるものや、ワインをグラス一杯以上飲むと恐ろしく体調が悪く

なるものがあります。薬剤師にたずねてください。

処方薬だと危険がなさそうに見えますが、副作用は必ず存在し、飲むことでそのリスクを引き受けることになります。小さな錠剤一つが身体の組織全体に影響をもたらすのですから、なめてかかってはいけません。他に薬を飲んでいるならなおさらです。

指示を守って飲み、気がかりなことがあれば、飲む前に医師に電話をすること。また、**抗生物質を飲むときは、具合がよくなっても処方された通りにすべて飲み切ってください。**さもないと、膀胱炎などの以前の症状が、より強く激しくなって戻ってくる可能性があります。

＊財布の中に、飲んでいる薬と分量を書いたメモを入れておきましょう。車の事故に遭ったときに、命拾いするかもしれません。安全に正しい処置ができるよう、医師に投薬について知らせる必要があるからです。

lesson 191

時差ボケになるような「週末のナイトライフ」は卒業する

「土曜の夜11時に家を出て日曜の午前4時に帰宅して昼の2時まで眠る……そして月曜から8時—5時の会社スケジュールに戻るのは、時差のある場所を行き来するようなもの」とエリザベスは言います。「時差ボケはつらいですよね。**毎週末時差ボケだ**

と、どうなるか考えてみて」

夜の外出がダメとは言いません。平日のスケジュールと劇的に異なる時間帯にならない方法を探しましょう。

顔を手で触らない

「私は、一日中病気の人に触れています。実感として、自分が病気にかかるのを防ぐ方法は、**こまめに手を洗うことと、顔を触るクセをやめること**です。顔を鏡で好きなだけ眺めてもいいけれど、とにかく触らないで」とエリザベスは言います。**正しい手洗いは、最低30秒間ごしごし洗うこと。菌の細胞壁を壊すためです。**それから、大勢の人が触った場所には、なるべく手を触れない。たとえばドアはお尻で押して開けるのが無難です。

病気にかかりにくい人は、ラッキーです。これからもあまり気にせず生活してください。病気をもらいやすく、仕事を休めない人は、しっかり手洗いしましょう。

lesson 193

飛行機では必ず水分補給を

以前までの私は、飛行機に乗るたびに具合が悪くなりました。**飛行機は、いわば空**

飛ぶ細菌の食堂なのです。あるときトム叔父さんが教えてくれた「生理食塩水を鼻にスプレーする方法」を試したら、抜群に効果がありました。エリザベスによると、「身体のあらゆる粘膜は抗体を分泌しているの。もちろん鼻をかむと菌を洗い流すことができるけど、粘膜が乾いて傷ついてしまった場合、菌がそこにとどまって増殖するのよ」とのこと。

＊鼻をかんだとき、出てくる鼻水が透明なら、鼻炎です。

今の「ラク」より50歳の「綺麗」を選ぶ

日に焼けた肌をキープするのと、50歳になっても綺麗な肌でいるのと、どちらが大切ですか？　今すぐ決めてください！

直射日光に10分以上当たることができない体質の人もなかにはいますが、そうでないなら、日焼け止めは毎日塗るのが得策です。

日焼け止めを塗ると、たいていはベタベタして気持ち悪く、毛穴がふさがれる感じがするものです。でも、健康にいいおやつやエクササイズのように、世界のどこかに自分がイライラしないですむ保湿効果つきの日焼け止めが存在するはずです。探してください。そして毎日使うことに慣れましょう。曇りの日でも（**曇りの日こそ！**）忘れずに。

身体を傷めるものは選ばない

私が思い浮かべるのは安物のハイヒールですが、いろんな状況や場面で応用できます。

「痛み」は、これから悪いことが起きるというサイン。たとえデザインがかわいくても、そのハイヒールを履くたびにつま先がひきつるなら、履くのをやめましょう。

いけないことを続けて、大切なモノを恒久的に台無しにしないというのも、メンテナンスのうちです。**「知らずに、うっかり」も「知りながら、つい」のどちらもいけません。**

Discussion Question

考えてみて!

1
なぜ、健康にいいことは退屈なのでしょう? ラクな靴のデザインがイマイチなのは、どうしてだと思いますか?

2
先月の支払いのうち、もっとも賢明かつ退屈な支出はなんでしたか?

3
冷蔵庫の中に腐ったモノ、賞味期限の切れたものはありませんか? 今すぐ確認して!

友だち

言うまでもないことですが、友人はかけがえのない財産です。

友人は、義務でもないのに一緒に遊び、愛情を注ぎ、あなたのことを人生の一部として受け入れてくれます。**あなたを自分の意志で選んでくれているのです。**ほとんどの人は、セックスさえ望みません！　そんな人たちを大切にしましょう。

愛情に応える努力をし、愛情を注ぎ返してください。お互いに貸し借りなし。友人のためなら、知らない男の部屋に泊まって後悔している上に、その男が気持ち悪いクモを飼っていた……みたいな緊急事態のときには、真夜中に飛び起きて車で迎えに行ってあげるぐらいの心がけで。

子どもの頃、友人は天気みたいなものでした。いい日もあれば悪い日もあるけれど、いつもつかず離れずそばにいたのです。ところが、**いったん働き始めて自活するようになると、思った以上に友人づくりや友情の維持が難しくなります。**

友人のナンシーは、「夜のバーに出かければ、毎回寝る相手を見つける自信がある」と言います（注：彼女は実際にそうしているわけではなく、もののたとえです）。でも、友人とはそこまで簡単には出会えません。友情を築いて絆を深めるのは、ハードルが高くて、道のりがあいまいで、バーで相手を探すほど単純にはいかないのです。**でも、友人からは、ひと晩限りの相手とは比べものにならないほど、素晴らしいものが得られます。**

学校を卒業して新しい土地に引越すと、しばらくの間ひどい孤独を感じるかもしれません。卒業すると驚くような経験をたくさんしますが、その一つが「生まれて初めて、友人候補の大集団に囲まれずに生活すること」です。

もちろん職場の友人はできます。でも、社会人になってからの友情は、生まれ故郷や大学での友情よりも、少々複雑になります。

必ず友人はできます。ただし、サマーキャンプのように、正午に初対面だった人と午後5時には大親友になっているようなスピードでは進まない、ということは覚えておいてください。

lesson 196

友だちに何をしてほしい？

三七人の親友をつくるだけの時間とエネルギーと愛情を持つ人もいれば、二人の親友と、気が向いた金曜日にダンスに誘える一五人の軽い友人が欲しい人もいます。親密に付き合えるグループが一つあればいいという人もいるでしょう。どれも、100パーセント理にかなった人付き合いの方法です。

「友人が星の数ほどいて、いつも誰かと一緒で、一斉メールを送るだけで二〇人をバーに呼び出すことができるのが理想」と思う人もいるでしょう。でも、そうじゃなくてもいいのです。静かに過ごすのが好きで内気な性格なら、心から寄り添える少人数の友を求めてください。

lesson 197

素敵な友人をつくろうと決める

人気ホームページを主宰するサラは、友人にしたい魅力にあふれた女性です。そのサラに、友人づくりのコツをたずねてみました。

「**大人の友人づくりの最初のステップは、友だちをつくろうと決心すること**」。

サラは、大学院を卒業後、新しい町に転居しました。「そのとき私は決めたの。庭でパーティやバーベキューをするような人間関係を築いて、頭がよくてユーモアがあって魅力的な友人をつくって、グループで楽しいことをしたい。だから、それが実現する方法を探そうって」。さて、サラはどうやって実現したのでしょう。

好みの人を「友人デート」に誘う

友だちづくりのプロセスは、恋愛と似ています。

「好みのタイプの人が行きそうな場所に出かけて行って、自分から話しかけるのよ」とサラは言います。たとえば、地域のスポーツジムや、女性限定のナイト・ロッククライミングの会に参加するとか。

「私なら、知り合いを連れて行って、ザイルの順番を待つ間に他のグループの女子に話しかけて、『私たち、終わったらビール飲みに行くんだけど、一緒にどう？』と誘ってみるわ」

そんな行動力があればいいけれど、誰かをデートに誘うのと同じで、ストレスが大きすぎる、と思う人もいますね。「あなたに関心があるの。あなたは私のことどう思う？」というメッセージを伝えるのは（たとえ遠まわしにでも）、かなり緊張するものです。

でも、相手から切り出されると、たいていの人は喜びます。直球のフレンドリーな誘いが空振りに終わっても、それはそれ。その人が友人候補にふさわしくなかっただけです。余計な時間をムダにしなくてすんでよかった、と考えましょう。

気に入った人には「友だちになりたい宣言」をする

サラは言います。「すごく波長が合う人には、はっきりと『友だちになりましょう』と伝えるわ。すると百パーセントの確率で、イエスの答えが返ってくる。私は、みんなが口に出すのをためらうことをダイレクトに伝えることで、自分の人生の舵取りをしているの。『あなたって素敵ね。友だちになりたいわ。一緒に遊びましょう！』と言えばいいのよ」。

サラは、ホームパーティで素敵な人に出会うと、「フェイスブックで探していい？」とたずねて、後からメッセージを送るそうです。「こんにちは。昨日は会えてよかったです。過激なB級映画が好きって言ってたけど、今度友人たちと『ショーガール』（ラジー賞を六部門制覇した駄作と呼び声が高い映画だが、一部の女性の間で崇拝されている）の上映会に行くから一緒にどう？」

友人を介して友人をつくる方法

頭がよくて楽しい人には、同じタイプの友人がいる可能性が高いです。サークルなどの集まりでよく会う友人の友人で気になる人がいたら、コーヒーかビールに誘い、一対一の友人関係を築きましょう。

「サークルの外で仲良くするために、個人的な付き合いに誘うといいわよ。『いろんなパーティであなたに会えて楽しいんだけど、本格的な友人になりたいわ』と」

lesson 201

グループの環を広げたくなったら、クリエイティブな方法を考える

サラの友人は、数カ月に一度のディナーパーティを開いて友人五人ほどを招待し、それぞれに知り合いを一人連れてくるように頼むそうです。「新入り候補」はたいてい引越してきたばかりか、最近破局して新しい友人を探している人。そんなときは……

lesson 202

「新入り」には親切にする

引越してきたばかりの人や職場の新人は、重病人と同じです。ちょっとの親切が大

きな親切に感じられます。固形物が飲み込めないほどの緊張、ストレス、不安、孤独を感じているのです。

大げさにふるまう必要はなくても、立ち止まって自己紹介し、ちょっとした誘いをかけてあげましょう。職場の新人なら、午後のコーヒーに誘う。アパートの新入りなら、この地域のことなら何でも聞いて、と一声かける。お勧めのピザ屋や、避けたほうがいい住人なども教えてあげましょう。古めかしい習慣ですが、手づくりのパイを差し入れても。

誰でも遅かれ早かれ、どこかの新入りになるのです。知らない場所にポツンと一人置かれるのはつらいもの。親切な人の存在はありがたいものです。だったら、あなたがその人になりましょう。

lesson 203 対等に話せる年上の友人をつくる

大人ならではの楽しみの一つは、**突如として友人の年齢幅がぐっと広がることです。**母親と同世代の友人だってできます。しかも「娘の友人は私の娘みたいなもの」という扱いではなく、対等な友人です。

当然ですが、年上の人は頭がよくて面白いです。愚かなティーンエイジャーの頃は大人をあなどっていたかもしれませんが、**年上の人は、あなたが思うよりはるかによく人生のことをわかっています。**

この本の着想を得るきっかけを与えてくれたのが、ミシシッピ州で私が初めて「記者」という仕事をしたときの友人三人組でした。当時私は21歳。ナンシー、ヘンリエッタ、レイチェルは5歳から7歳年上で、三人とも驚くほど頭のいい人で、さりげなくさまざまなアドバイスをくれました。職場にはカクテルドレスを着てこない、とか、人間関係がうまくいかない本当の理由、とか、自立するためのアドバイス、それに、鶏のむね肉の調理法まで！

今なら簡単にわかることでも、当時の私にはそうじゃなかったことがたくさんあります。私がおバカさんだからでも、人生の準備不足というわけでもなく（多少はそれもありますが）、**世の中には、年齢を重ねてようやくわかるようになることがたくさんある、というだけなのです。これまで自活してきたご褒美です。**

もっと年齢を重ねれば、さらに知識が増えるでしょう。この法則を職場にあてはめると、何年もの職場経験がある人は、新人の男性にはわからないことが理解できて当然です。なのに、人生一般の備えに対する知識となると、線引きがうまくいかない例が往々にしてあります。

大目にみてくれて、かわいがってくれる先輩を見つけたら、手ほどきを受けるチャンスです。そしていつか、やる気は十分だけど戸惑っている若者に、フレンチプレスの使い方を辛抱強く教えてあげる日がきます。すべては順送りなのです。

lesson 204
ご無沙汰している友人に、30秒でいいから連絡する

連絡をとるのは大仕事ではありません。メールで「久しぶり。最近一緒に飲んでないね。久々に近況報告し合わない？」と送信すればいいのです。

「向こうから連絡してくれればいいのに。いつも私が誘う側なの？」と思うかもしれません。だけど、忙しくてそういうことに頭が回らない人もいるのです。

自分から切り出せば、ほとんどは返事をくれます。二、三回連続で返事がなければ、その人とのやりとりでは、いつも自分に負担がかかると思って間違いないでしょう。

それでも連絡のしがいがある人もいれば、そうじゃない人もいます。とりあえず連絡してみて！

lesson 205
遠くに住む友人を定期的にケアする

距離は、友情を続ける価値があるかどうかの格好の判

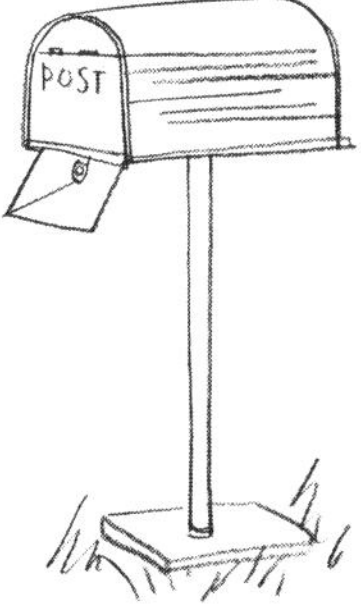

断材料になります。職場の元同僚、近況のアップデートに15分かかる人など、見える範囲にいない人とは、努力しないとたちまち疎遠になります。でも、人生に欠かせない人だと思うなら、つなぎとめる価値はあります。

遠距離の友人は、サボテンに似ています。多くの手間はいらなくても、多少のケアは必要なのです。誕生日には電話をかけましょう。カードを送れば、さらにいいでしょう。文通がおすすめなのは、わずかな額の切手と10分の手間で、相手をハッピーにできるからです。さらに、三カ月を空けずに電話で話しましょう。チャットでもOKです。相手の存在を自分の生活の一部にすると、あなたもその人の生活の一部になります。でもやっぱり一番は、会いに行くことです。

lesson 206

楽しいイベントを自分から企画する

もっと楽しみたいと思ったら、自分で企画しましょう。たいていは、どんなグループにも最低一人、リーダー的な役割の人がいます。楽しいアイデアを出して幹事も引き受ける人です。普段はその人まかせでも、時々は自分がその役割を引き受けましょう。

声をかけた全員が集まらなくてもがっかりしないで。みんな忙しいのですから。**不**

参加の人に嫌われているなんて思わないこと！

lesson 207

「わかってくれない」じゃなくて「伝える」

自分にとってはすごく大切なことなのに、「まあ、いっか」と要求をのみ込んでしまうことはよくあります。

でも本当に大切なお願いは、はっきりと伝えましょう。「忙しいのはわかっているけれど、都合がつくなら来てほしいの。私にとって大切なことなの」と。

何かのイベントに、その人に来てほしいなら、前もってそう言いましょう。しょっちゅうでなければ、伝えてもかまいません。もちろん**あなたが、友人が大切にしているイベントに「言われなくても出席していること」が前提です。**もっと端的に言うと……

lesson 208

「してくれたこと」をマネする

その友人が誕生日を派手にお祝いしてくれるなら、その人の誕生日は派手にお祝いしましょう。あなたが落ち込んでいるときに、何があっても必ず時間をつくって話を聞いてくれる友人には、あなたも同じようにしましょう。

「すごく大切な親友が、どんな形で思いやりを示すかに注目してみて。その人も同じような思いやりを求めているはずよ」とサラは言います。

たとえばサラ自身は、5キロのマラソンレースに出場するから応援しに来てほしいとは考えません。でも、応援に来てもらいたがる友人もいますし、筋違いなお願いでもありません。自分にとってさほど重要でないからといって、誰かにとっても重要でないとは限らないと理解しましょう。

ときどき告白する（笑）

「友人のダーシーは、最高に有能な人なの。だから私は、面と向かって彼女に言うの。『あなたって、私の知り合いの中で最高に有能な人だわ。あらゆることが得意なのよね』と。彼女のことが大好きだし、そのことを知ってもらいたいから」とサラは言います。

私は年に一度、親友のひとりひとりに手紙を書くようにしています。どんなに大切で、めぐり合えてどんなに幸せかを伝えるのです。誰だって認められたい、愛されたい、と思うものです。大切な人にほめ言葉を隠しておく手はありません。

lesson 210 秘密は墓場まで持っていく

秘密にすると誓った内容を誰かにバラしたら、あなたは悪い友人です。生来おしゃべりな人も例外ではありません。どうにかして口を閉じる方法を探してください。**注意すべきなのは、多くの人が、自分の恋人や配偶者には自由に情報共有できると思ってしまうことです。**打ち明け話を聞いたら、「その話、デイブに話してもいいのかな?」と確認し、相手がノーと言ったら話さないこと。自衛のために、打ち明け話をした人の彼氏や彼女に知られたくない場合は、前もって釘を刺すのがいいでしょう。

lesson 211 親友の噂話は違うグループに話さない

私には五人の仲良しグループがいて、全員が12歳からの知り合いです。その一人に何かを話すと、秘密を誓わない限り全員に伝わる結果になります。

でも、ここで言いたいのは、私たちが深い愛情で結ばれているということ。お互いの行動について話すときは、単に噂話がしたいのではなく、家族のように親密な関係だから打ち明けあうのです。親友グループの噂話は、よそでは絶対にしません。**親友**

の噂を、グループ外の、私よりもその人への好意が薄い人に話すのは、裏切り行為です。たとえば、親友Eさんとあまり親しくない人との会話の中で、Eさんの名前が出てきたときには、こんな風に切り返します。

「Eさんは私の親友だから、Eさんの話をするのはいい気分がしないの」

忠誠心を持つことは、素晴らしい人格者である証です。それを示すためにベストを尽くしましょう。

lesson 212

旧友との友情の続け方

12歳からずっと大好きな友人がいるのは、素晴らしいことです。一生の友は、限られた数しかいません。だからこそ、一握りの人たちの存在が貴重なのです。

それでも、年齢を重ねるごとに共通点が少なくなったり、会う回数が減ったりする時期を経験するでしょう。相手が新婚だったり、自分に子どもができたり、かたや大学院で勉強中、もう一人は期待の新人俳優となれば、話が合わなくなって当然です。

でも、諦めて友情を放棄しないでください。

人間関係の価値は、絶え間なく同じレベルの親交を続けることではなく、12歳でも、20歳でも、25歳でも、変わらず友人でいられることにあるのです。23歳のときに半年間親交が途絶えても、あわてないこと。「旧友」は新しくつくることができません。昔と同じようにいかなくても、相手や自分を責めないで。**数年後に再び親密になったりするものです。**

恋愛のように観察・分析する

友情は、恋愛関係よりも感覚的なものなので、さほど精査しないものです。でも、恋愛中の疑問の多くは、友情にも当てはまります。

「恋愛関係については、率先して自分のニーズや評価について考えるもの。『この人と付き合って、自分が求めているものが得られているかな？』と。友情の場合も、これをやるべきだと思うの」とサラは言います。

たとえばサラは、「この友情は順調かな？　この友人は私の人生の毒になっていない？　お互いに、欲しいものが得られている？」と考えるそうです。

「一緒に出かけるたびに、気分が落ち込んだり、自分が無料カウンセラーになったような気分になるなら、なんのための友情なの？」

友人を「無料カウンセラー」扱いしない

不公平です。五分五分の関係のはずなのに、常に与えてもらうばかりでは、だんだん電話が鳴らなくなります。

友人との話題には、内輪受けのジョークや、共通する趣味や関心、他の知り合いに話すには強烈すぎる噂話のほかに、聞いてもらいたい大切な話もあるでしょう。だけど、必要に応じて大切な考えを話すのと、悩み事の独り語りは別です。一方的に話すだけでは、相手が疲れます。

寄り添ってあげるのが友人です。なかには平均よりも多くの支えと愛情を必要とする人もいるでしょう。でも、**友人はカウンセラーではありませんし、そう期待するのはフェアではありません**。今現在、カクテルを飲みながら発散する程度ではすまない大きな問題を抱えているのなら、専門家の助けを借りるのがよいでしょう。

友人の治癒能力を超えた問題をしょっちゅう相談してくる人には、釘を刺してもいいでしょう（ただし、優しい口調で！）。

「わかるわ、ご家族のこと、すごくすごくつらいわよね。できる限り力になりたいと思う。だけど、なんだかあまりにも深刻すぎて、私では助けにならないと思うことが多いの。専門家に相談してみたらどう？」

退屈に感じても「支え」になることをやめない

正直に言って、落ち込んでいる友人と付き合うのは、元気なときの友人と付き合うよりも、楽しくありません。だけど、どんな人もつらい時期を経験するものです。

そういうときは、逃げずに寄り添ってあげましょう。相手が無口になったり悲しんでいても、あなたに非があるわけでもないし、拒絶されているわけでもありません。多少つらくても、友人のためにがんばりましょう。

lesson 216

あなたの新しい恋人に、友人はそれほど興味がないと心得る

人生には、「ねえねえ！　聞いてほしいの！　お願い、聞いて聞いて！」という時期があるものです。たとえば、素敵な恋人ができて楽しくてしかたがないとき。

友人はあなたが大好きですから、一緒に喜んでくれますし、その新恋人について聞きたがってくれます。だけど、あなたの関心の目盛りが「10」とすると、友人は「4」程度。**とりわけ、あなたがすべての話題を恋人に結びつけようとする場合はなおさらです**（「昇進したの？　この前マットも昇進したのよ！」）。

のろけ話は結構ですが、相手の許容度と関心の度合いを見極めること。わずかでも拒絶ムードを察したら、話題を変えましょう。人生は長いのです。恋人と長続きすれば、いくらでものろけるチャンスは訪れます。

それから、次のような人に、浮かれた話を聞かせないこと。

- 最近、他の友人の聞き役をたっぷり務めた人
- 破局を経験して不幸なシングルライフを送っている人
- あなたの恋人が自分の恋人だったら、と願っている人

lesson 217

友人の元カレと付き合わない

この場合の友人とは、誕生日パーティに声をかける程度かそれ以上の仲良しが対象です。「知り合い」の元恋人ではありません。

もし、友人が既に破局から一年以上たって別の人に夢中のときは、友人に付き合ってもいいかとたずねてみて。言葉の裏にあるニュアンスまでしっかりと聞きとること。彼女は本当に付き合っても気にしない？

相談されたときだけ真実を伝える

友人には、正直に意見をすべきです。

もちろん、行動するのも、その結果を引き受けるのも、あなたではなくその友人です。でも、もしも友人が恋人から不当な扱いを受けていて、その人について意見を求められたら、はっきりと言うべきです。アルコール依存症かもしれないと悩んでいる友人に意見を求められたら、あなたの見解をはっきりと伝えてください。**相手から切り出した質問なら、がっかりする答えであっても、真実を伝えるべきです。**自らパンドラの箱を開けたのなら、十中八九、中を見たいはずです。

言って楽しいことではないし、気まずくなるかもしれません。つらい真実をはっきりと伝えるときには、相手が傷つくだけではなく、自分も傷つきます。だから、勇気がいることですし、大海原のような大きな愛が必要です。友人のためだと思って、力をふりしぼってください。

真実を伝える／はぐらかす

例文を二つ出します。

「このワンピース、太って見える？」

「この前一度紹介したけど、今私が新しく付き合ってる人、どう思う？」

こういった、一見答えが重要でない質問をする人の目的は、次のどちらかです。
❶ 本当に意見を求めている
❷ 「いいんじゃない？」と言って欲しいだけ
❶の場合は、含みのある言い方をしましょう。「そうね、一番素敵だと思うワンピースはそれじゃないわね」。❷の場合は、絶対にどう考えてもダメ、と思う場合を除いて「素敵だと思うわ」と言いましょう。**嘘をつくときは、もっともらしい口調で簡潔に。説明が長くなるほど嘘がばれます。**

lesson 219

友人が人生を台無しにしそうなときは止める

頼まれないのに助言をしてもありがた迷惑ですし、よっぽどでない限り、すべきではありません。あなたの意見を聞きたいなら、向こうからたずねてくるはずです。

でも。

友人があまりにもまずい、恒久的な決定を下す崖っぷちにいるなら、はっきりと意

見するのが友人の役目です。たとえば、ちっとも愛してくれない人のために、人生をかなぐり捨てて国境の端まで引っ越そうとしているとか。とんでもない悪人と結婚しようとしているとか。水曜日にコカインをやって頭がフラフラで欠勤しているとか。そんなときは口を開いて、息を吸って声帯を震わせ、声を上げましょう。

そのことで、しばらく友情が途絶えるかもしれません。相手があなたの言葉の真実に気づかずに何も変わらなければ、なおさらつらいでしょう。消化するには時間の猶予が必要で、一晩ではムリなこともありますし、数カ月から数年かかることもあります。

それでもいつか、あなたの警告が、愛から出た言葉だと気づいてくれるはず……そう願いたいところです。結果は誰にもわかりません。でも、黙っているのが苦しいなら、何か言いましょう。**その友情が本物なら、消滅することはありません。**

lesson 220

必要なら、友人関係を解消する

友情は、義務ではありません。関係が変化するのは自然の成り行きです。一緒にいて楽しくなかったり、しょっちゅうだまされたり、「フレネミー(詳細は後ほど)」的な言動があまりにも多い場合は、**罪悪感なく親交を解消してもいいのです。**会うと毎回楽しくないなら、潮時かもしれません。

軽い付き合いの友人が何度も連絡してくるときは、線引きをする（「ぜひ飲みに行きたいけれど、一杯だけしかムリなの。7時半から行くところがあって」）か、ひたすら避けるかのどちらかです。

でも、会いたくないと確信している場合もあるでしょう。なのに傷口をつついてきたり、電話をしつこくかけてきたり……その場合は、きちんと説明することが必要です。

ただし、会いたくない理由が「一緒にいても楽しくない」に集約されるなら、言わないままにしておきましょう。相手を傷つけるだけで、将来的にも何の役にも立たないからです。

具体的な理由があり、不当に傷つけない、かつ未来の友情関係に役立つ可能性があるときに限って、言葉を選んで説明しましょう。

「リサ、私たち、言い争いに時間を費やしてばかりで仲良くしている時間が少ないように思うの。友情の大部分を対立が占めているような気がする」

「あなたって、いつも自分を責めているわよね。なんだか私まで悲しくて落ち込んじゃうの。一緒にいるのがつらいのよ」

「フレネミー」に出会ったら

これって、ひそかに攻撃を仕掛けてくるフレネミー(友を装う敵。friend と enemy の造語)かも? 私を見下していい気分になりたいから一緒にいるの? 幼なじみの親友なのに、じわじわと確実に私の人生に毒を盛っている? そんなときは、具体的に分析することで、とるべき行動が見えてきます。

フレネミーの七つのタイプ

Flaky あてにならないちゃん　いいかげんな人。予定をたてるときは、ちゃんと二人で計画しましょう。

Flirty チャラチャラちゃん　こちらの彼氏にちょっかいを出すタイプ。数分おきにふざけて肩をぶつけます。「単なるクセよ、親しみの表現なの! 特別な意味はないわ。ねえ、怒ってないわよね?」

Boasty 自慢ちゃん　このタイプのフレネミーは、グチをよそおって自慢話をします。本当は、やせすぎて見えることに悩んでなんていないのです。でも、あなたは慰めて励ます羽目になります。

Crabby 不機嫌ちゃん　このフレネミーは、あらゆる物事を楽しみません。悪口と不満のオンパレードです。この手の人を楽しいダンスパーティやコメディ映画に連れて行ったり、新恋人に会わせたりするのは、絶対にやめましょう。あなたが気分を害する可能性が大です。だって、何もかも否定する「不機嫌ちゃん」は、何を見せても絶対に気に入らないでしょうから。

Backstabby 裏切りちゃん　この人は、あなたのことが大大大好き！　ただし、あなたのせいで自分の欲しいものが手に入らない場合は、恐ろしい行動に出ます。

Underminey 陰険ちゃん　「そんなことないわよぉ。あなたが買ったワンピース、すごく素敵！　よっぽどスタイルに自信があるのねぇ」

Doc 診断ちゃん　このフレネミーは、あなたの悩みを事細かに把握していて、あらゆるアドバイスをしたがります。本当に悩んでいるかどうかは関係ありません。「診断ちゃん」は、あなたの弱点や欠点を山のように見つけているからです。そう、あなたを助けたいだけ。思いやりがあるから、そうしているのです！

lesson 222 「理想の友人」はいないと心得る

どんな人でも、長所と短所、得意不得意があります。これから遭遇するあらゆる人は、理想的とは言えない資質を持っていることでしょう。聡明なダン・サベージの言葉を借りれば、それがその人と友人になるための「入場料」です。

友人になれるかどうかを見極めるときは、「対価が不釣合いに高くないか」を検討するのが賢いやり方です。**その人の持つ素晴らしい資質と、愚かな言動を差し引きすると、どちらが勝りますか。**友情を終わらせるときに厄介なことになりそうなら、それも「入場料」の一部です。

lesson 223 フェイスブック上でケンカしない

これは最悪です。パーティ会場で不愉快で意地悪にふるまう人がいたら、その場にいる誰もがドン引きするでしょう？　**フェイスブックには、世界中の人を一斉にドン引きさせる威力があることを覚えておきましょう。**

「謝る技術」を習得する

謝るのが大好きな人なんて、普通はいません。でも、誰でも間違うことはあります。しかたがないことです。でも、自分の間違いが誰かを傷つけるなら、その事実を認めて謝罪し、次回からそうならない努力をすべきです。

上手に謝罪するコツです。

- 何が悪かったのかを正確に認識する。起きたことを本気で後悔しない限り、意味のある謝罪はできません。胸に手を当ててよく考えてください。何をやらかしたのか。本当はどうすればよかったのか。次回はどうすべきか。そういったことすべてを整理した上で謝罪をしましょう
- 謝るときは、できる限り謙虚な態度で、言い訳はしないこと。**説明はしてもいいけれど、言い訳はダメです。解釈は相手がすることです**
- 心から後悔している態度を見せる

次は、謝罪の一例です。

「エイミー……聞いてちょうだい。私、（自分がとった行動）のこと、すごくひどいことをしたと思ってるの。なぜなら（それがひどい理由）だから。あのときの私ったら、

何を考えていたのかしら。実はね、(言い訳ではなく、きわめて妥当な弁明ができる証拠がある場合のみ)。もしもやり直せるなら、(全員にとっていい方法を提案する)。本当にごめんなさい。許してもらえたら嬉しいわ」

人の謝罪は快く受け入れる

謝罪の言葉を吐き出すのは、とんでもなくつらいことです。この大変なプロセスを経て準備し、苦労して実行してくれた友人の言葉は、喜んで受け入れましょう。まだ本気で怒っていても、言葉だけ「あなたを許すわ」と言っていいのです。

そのときは、二カ月後の自分の気持ちを想像しながら、真心をこめて言いましょう。

lesson 226

何度も同じ過ちを繰り返す人には、許すまで時間をかける

人間だから間違いはありますし、クセは一生変わらないかもしれません。でも、同じ間違いを繰り返して、そのたびに謝罪するなら、その人になんらかの問題があると解釈していいでしょう。

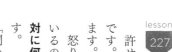

どうしても許せないときの伝え方

許せないということも、時にはあるでしょう。絶交のきっかけになるようなケースです。あえて具体例は出しませんが、少なくとも60パーセントは異性がらみだと思います。

怒りがおさまらない人へ。いつかは許すつもりがあっても、憎い相手が頭を下げているのが愉快でしかたがないなら、しばらくそのまま楽しみましょう。でも、**もう絶対に何があってもその人とは絶交、という確信があるなら、**こんな風に伝えるべきです。

「聞いてちょうだい。申し訳ないと思っているのは、よくわかったわ。伝えてくれたことには感謝している。だけど私、もうあなたと親しくできると思わない。あなたには、私の気持ちを尊重してほしいの。もしも心境が変わることがあったら、そのときに連絡する」

lesson 228

嫌いな人にも大人の対応を

並み程度の敵に対しては、嫌悪をある程度は隠すべきです。本当の友人のように扱う必要はありません。ここでのキーワードは「思いやり」です。**決して、公然と敵対しないこと。**淡々と世間話をして、さっと逃げましょう。良識ある人間としての義務を果たしたことになります。

家の中と近所にいる友人と敵について

ルームメイトやご近所とは、仲良しの関係でいるのが一番の得策です。一緒に飲みに行って一緒に帰ってこられるし、ペットの世話もしてもらえるから（もちろんギブアンドテイクです）。

けれど多くの場合、至近距離にいる人は自分で選べません。そして、少しずつ不満が増殖しがちです。自分の家にいるときぐらい、嫌いな人と会いたくないものですよね……。

lesson 229

引越して来た人には、自分から挨拶してあげる

贈り物でもてなす必要はありません。「こんにちは。私は○○です。引っ越してきたばかりですか？　ここに二年ほど住んでいますが、いいアパートですよ。何か困ったことがあれば連絡してくださいね！」とだけ言って、怪しくなさそうな人なら電話

番号を渡しましょう。こうしておけば、あなたの騒音がうるさいときに、大家ではなくあなたに直接電話をかけてもらえます。

ご近所の騒音に大家を巻き込まない

最初に大家さんに報告しないようにすること。まだ疑惑の段階ですから、まずはドアをノックして、冷静な口調で問題点を告げましょう。「私が困っているのはご存じなかったでしょうが、実はそうなんです。問題を解決するのを手伝ってくださいませんか？」という態度で。

「あの、ちょっとお邪魔します。私はケリーです。上の4Dに住んでいます。実は、お部屋の音楽がかなり響いていることをお伝えしたくて（注：セックスの騒音の場合は、『いろんな音』とだけ言いましょう）。小さくしていただけると嬉しいです。仕事が朝早いので」

そこで相手が謝ったら、寛大な笑みを浮かべて「いいえ、大した問題じゃないです。お気づきじゃなかったんですよね」と言いましょう。これで、丸く収まりました。相手はリクエストに答えてくれるでしょう。

同じことがもう一度あれば、短い手紙を書きましょう。手紙は一方的なコミュニケーションツールですが、直接返事をする必要がないので、お互いにラクです。

> ミスターブラウン
> 何度もすみませんが、騒音に今でも困っています。壁が薄く、私は
> 出勤が早いのです。○時頃に音を小さくしてくださいませんか？
> よろしくお願いいたします
> クリーウィリアムズ

三度目が起きたら、大家に間に入ってもらいましょう。

大家に相談するときのコツとして、「**非常に不快であり、問題が改善しないなら引越しも考えている。困っている住人は自分だけじゃない**」とほのめかすこと。「本当は巻き込みたくないんですけど、大家さんから話をしてくださいませんか？」と頼みましょう。

lesson 231

自分の騒音も時間帯に気をつける

他人の音楽やセックスの騒音が不愉快なら、自分が立てる騒音も同じです。そのこ

とを念頭に置いて、音を出すときは時間帯に気をつけましょう。

lesson 232

ルームメイトとトラブルになったら爆発する前に話す

他人と一緒に住んでいれば、ほぼ100パーセント、賛成できないことが起こります。

でも大丈夫。大人は、話し合って解決の道を探すことができます。ただし、十一カ月もため込んで、怒りの塊がダイヤの結晶みたいになってからでは難しいでしょう。**不愉快なことが三度続いたら、批判的ではない口調で、穏やかに相手に伝えましょう。困っているので解決の道を探したい、と。**

伝え方の一例です。「あのね、食べた後のお皿が、シンクに残っていることが多いと思うの。私なんだか気になっちゃって……」

lesson 233

イヤミな書き置きを残さない

手紙を残すのは、見知らぬ近所の住民だけにしましょう。ルームメイトなら面と向かって直接言えますから。

lesson 234 どうしても耐えられなくなる前に出て行く

引越しは面倒くさいしつらい作業ですが、それしか方法がないこともあります。**家にいる時間が苦痛なら、住環境を考え直すべきです。**ムリに我慢して友情が壊れてしまっては、元も子もありません。

他人の緊急事態にどう応じるか

人は普段から助け合って生きていくものですが、とくに大切な人のために力をふりしぼらなければならない非常事態が発生します。

たいていは、そばにいるのが気まずく、実質的な協力が難しい状況でしょう。でも、こういうときこそ支援には大きな意味があります。

自分の身につらいことが起きたときを思い出してください。そのとき「わざわざ会いに来て支えてくれた人」と「森に木を切りに消えてしまった人」がいたはずです。自分はどちらの人間になりたいですか？

親しい人の死を経験しない人はいません。悲しいけれど、事実です。以前取材した葬儀業者の人が「一生で、うちの業者と関わりを持つ回数は、平均して三回です」と話していました。悪夢のような話ですが、改めて計算してみると、その通りかもしれません。

その回数よりも多く経験するのは、知り合いの家族の不幸です。たとえば友人の母親が亡くなった。そんなときは、友人にかける言葉が見つかりませんし、どう接すればいいか悩みます。

でも、**失言を恐れて何も声をかけないのはよくありません。**自分がなんとかしてあげなければ、という気負いは必要ありません。悲しいことを思い出させてしまうから、という気遣いも的外れです。話題が出ようが出まいが、当人は亡くなった人のことを忘れていないはずですから。

大切な人を亡くした人は、大きな疎外感のさなかにいます。どう声をかけていいのかわからずに、まわりの人が距離を置くからです。全員が必要以上の距離を置いてしまう場合もあります。

lesson 235

大切な人を亡くした知人に正しく接する

まずは「してはいけないこと」から説明します。

● 「気持ち、わかるわ」は、同等の体験をしていない限り、言わないこと。親

や兄弟を亡くした人に、三年前に亡くなった大叔母の話をすべきではありません

- 喪失の悲しみを和らげようとしない。ムリに励まさない。「これが最善の結果」のような言い方をしない
- 気まずいからと相手を避けない。その人の苦痛に比べたら、自分の居心地の悪さなんてちっぽけなものです

わかりましたね？　注意点はこれぐらいです。では「すべきこと」を説明します。

- 「心から深くお悔やみ申し上げます」と伝える
- その人が、喪失の体験を話す場を設ける。本人に必要なら、何度でも話をさせてあげ、ひたすら話に耳を傾ける。問題解決の手助けをしなければ、と気負わないこと。これは他人には解決できないことです
- 遠方に住んでいるなら、電話をかけてからお悔やみの手紙を送る。近くに住んでいても、手紙を送ること。大仕事ではないはずです

lesson 236

お悔やみの手紙を書く

シンプルなものを。創意工夫や文章力は必要ありません。伝えるべきは次の三点。

❶ あなたが大好きです
❷ 私はとても悲しんでいます
❸ あなたのことを思っています

短くまとめ、優しさが伝わる手紙がいいでしょう。亡くなった方との思い出があれば、書き添えると相手の心に響きます。

○○ちゃん
お母様のことをお聞きしました。心からお悔やみを申しあげます。優しくて心が広くてチャーミングで、一緒にいてとても楽しい、素晴らしい方でした。私がご実家に泊まりに行かせてもらったとき、ひどいボーイフレンドと別れた話を夜中の3時まで聞いてくださいました。お母様のご意見はすごく的を射ていて……ありがたかったです。○○ちゃんのことを、いつも思っています。大好きよ、しゃべりたいときは、昼でも夜でも、いつでも電話してきてね。
愛をこめて　ケリーより

とにかく聞き役になる

大切な人を亡くして深い悲しみに沈んでいる友人に何かしてあげたい……**そういうときは、残念ながら、あまり力になることはできません。**喪失の悲しみの渦中にある人は、ひたすら悲しむ以外のことができないのです。たっぷりと悲しみに浸らせてあげてください。コメディ映画を一緒に観に行ったり、海に遊びに行く、といった気晴らしが喜ばれる場合もあります。でも、ほとんどの場合は、大きな喪失だけに意識が向いてしまい、他のことが見えなくなっています。

本当は悲しみを言葉にしたいのに、まわりの人を落ち込ませるのを恐れて、黙っている人もいます。そういうときは、ぜひ話を聞いてあげてください。話しているときは、黙って聞くこと。行間を読み、言いたいのに我慢していることがありそうなら、口に出すように勧めてください。四度でも、五度でも、六度でも、何度でも繰り返し話させてあげましょう。**人は大きな出来事に遭遇したとき、数回繰り返して口に出さないと、現実として受け入れられないものなのです。**

社交的なタイプの人は、何度も何度も声に出し、グルグル同じ内容を十七回でも十八回でも行き来します。内向的な人は一人になりたがり、他人に話すのを苦痛に感じるかもしれません。

「何が必要か」「自分にできることがあるか」を、臆せずたずねてください。同じ状況でも、して欲しいことは人によって違います。気晴らし？　ハグ？　抱きしめられて涙を流したい？　距離を置きたい？　できる限り要求に答えてあげましょう。

lesson 238 葬儀は、よっぽどの理由がない限り参列する

お葬式は、亡くなった人ではなく残された人のためにあります。

故人と面識がなくても、案内を受けたら、参列するのが良識のあるレディの行ないです。逆の立場になったときを考えてみてください。愛する人が死んで、誰も葬儀に来てくれなかったらどんな気持ちですか？　ただでさえ絶望しているのに、さらなる苦痛を味わうことになります。

lesson 239 流産も人の死と同じと考える

流産は、深い悲しみが長く続きます。人の死のように公然と明かされませんが、気持ちとしては同等に扱われるべきです。大切な赤ちゃんを失って悲嘆にくれているのですから。先ほどと同じように手紙を書き、あなたのことを思っています、大好きです、そばにいたいです、と伝えましょう。

そのあと、相手が希望すれば、話を聞く場を設けたり、必要な気晴らしに付き合ったりしてください。**「これが最善の結果」という言い方はしないこと。相手の悲しみの深さを尊重しましょう。**

lesson 240

友人が入院したときは、理性的な行動を

入院は、人が亡くなったときほど深刻ではありませんが、方向性は同じです。

- 友人の身の上に悪いことが起きた
- 普段とは違う状況にあなたも動揺し、不安な気分になる。もちろん悲しい
- でも、実際に病気や怪我をした本人のほうが、はるかにショックを受けている

「私は病院が苦手なの」と言い訳をしないこと。これは「私はお葬式が苦手なの」と同じことです。病院が好きな人なんていますか？　ここはがんばって、よき友人として行動してください。

初めに、友人が面会に来てほしいかを確かめます。一番いいのは、電話をかけて直接たずねること。入院したからといって、赤ちゃん返りをして、まともな会話や決断

ができないわけではないのです。

お見舞いに行く前に病院に電話で面会時間を確かめ、差し入れてはいけないものをたずねましょう。生花は細菌予防のため持ち込めないことがあります。また、手術の直後は食事制限があるはずです。

看護師や医者が来たら、すぐに病室を出る

あわてて退散しなくてもいいですが、すみやかに廊下に出ましょう。患者は医師と話すことを一日中待ちわびていたはずです。具体的でプライベートな内容なので（たとえば、オナラが出た出ないの話など）は、人前でしたくないことでしょう。**患者に恥ずかしい思いをさせないためにも、患者が質問しそびれて問題の核心に触れるチャンスを逃さないためにも、席を外してください。**

lesson 242

具体的な手伝いを申し出る

具体的にしてほしそうなことを予測して、「やっておきましょうか？」と申し出ましょう。「何かお手伝いできることない？」ときかれたら、本当は必要なことがあっても友人の重荷になるのを恐れて「ううん、大丈夫」と答えてしまいがちです。

「ペットの世話を引き受けましょうか？」とたずねてもらったほうが、はるかに頼みやすいものです。

lesson 243

自分がつらい立場になったら、愛情と助けをありがたく受け入れる

人から褒められたら、謙遜して否定せずに素直に受け取るのがよいのと同じで、助けを申し出てくれる人がいたら、素直に受け取るのがよいでしょう。

本気で申し出てくれているのか、義理で言っているのかの違いは、だいたいわかるものです。後者は受け流し、前者はぜひ受け取りましょう。

大切な人が苦しんでいるときは、自分もつらいもの。だから、人を助けることで自分もラクになれるのです。

そういうときは、甘えてしまいましょう。

lesson 244

自分にとっての「理想の友人」のように行動する

自分がしてほしいことを、相手にしてあげる。つまるところ、これにつきます。

人のグチに耳を傾ける。大丈夫よと励ます。休暇中に飼い猫の世話を引き受ける。

誕生日には電話をかけ、イニシャルをかたどったケーキをプレゼントできたら、なお素敵。秘密を守る。ありのままの姿を受け入れる。義務ではなく、心から相手を気にかける……**世界に数人しかいない大切な友人の一人としてふるまいましょう。思いやりが大事です。**

Discussion Question

考えてみて!

1

最近、落ち込んだ友人を励ます機会はありましたか？　その友人の話を何時間聞けましたか？

2

次のうち、どちらが友人の資質として大切だと思いますか？

A　誠実なこと　B　靴のサイズが同じで、喜んで貸してくれてそのまま忘れること

3

あなたが友人から受け取った最高のプレゼントはなんですか？

私はピニャータ（お菓子やおもちゃを詰めた紙人形）を、誕生日に机の上に飾ってもらいました（ありがとう、愛してるわ、ルース！）。

chapter 8 恋愛

恋愛は、素晴らしくもあり、苦しくもある経験です。この章では、素晴らしさをマックスに、苦しさをミニマムにする方法をお教えします。

恋愛は、楽しいことばかりではありません。ものすごく複雑で混沌としています。でも、いくつかの工夫によって、いつか人間愛の境地に到達する（もしくは未来へとつなぐ）こともできます。全員が明日セックスをやめてしまったら、人類は途絶えてしまうのですから。

lesson 245 「失恋」は大人への通過儀礼

恋愛の素晴らしさについて語る前に、暗い話題を片付けてスッキリしておきましょう。どんな本を開いても、真実の愛を見つける答えは書いてありません。この場所に出かけてこんな行動をとれば絶対に傷つかないですむ、という方法はないのです。

でも、**傷つくこと**（**や、彼の妹と会うことや孤独になること**）**を恐がりすぎていたら、最高に素敵な経験も得られません。**悪い面ばかり見えてしまうからです。

痛みが好きな人はいません（少なくとも、心の痛みは）。なのに、誰もが経験します。「心が折れることはいつかある。でもそれで死ぬことはない。しかも、人間的に成長して思いやり深くなれる」。このことを受け入れるのが早ければ早いほど、得をします。

人間はいつか死ぬ、とわかっているから、毎日そのことを考えてウジウジしないのと同じです。ある意味開き直ればいいのです。

lesson 246 不必要に誰かを傷つけない。自分が傷ついたときは自尊心を大切に

好きじゃない人に好かれたときは、軽い気持ちで相手を傷つけないこと。人としての成長につながりません。多くの場合、誰かを傷つけない（せめてダメージを最小限に抑える）最良の方法は、自分から別れを切り出すことです。

反対に、傷つきそうなあなたへ。**自分にとってよくないものや人から、立ち去るだけの気品と自尊心を持ちましょう。**不当なことを受け入れてまで固執しても、損をするだけです。相手まかせではいけません。自分の心は自分が一番よくわかっているは

ずです。

それでも恋はやめられない

私が恋愛のなんたるかを語るまでもありません。たとえ痛みと報いの比率が四対一でも、やっぱり恋はやめられませんよね。

シングル→デート→恋愛中→破局（ため息）と、順を追って見ていきましょう。

lesson 248

恋人がいなくても大丈夫な人になる

「独り身」という立場が大好きな人も、わずかですが存在します。本人から話を聞く機会は少ないかもしれませんが、それは彼らがあまりにも満ち足りているため、わざわざ時間をかけて独り身の素晴らしさを語らないだけです。それよりもダンスに出かけたり、魅力的な見知らぬ人との楽しいセックスに励んだり、ヨガやパラセーリングなどの趣味に忙しくしているのです。どうせ嫉妬されるだけだから、わざわざ自己弁護しないだけです。

一方で、恋人がいないことをあまり喜んでいない大集団が存在します。こういう方は、哀れなシングルのジョークにカチンときても、受け流してください。パートナーがいなくて募集中だからといって、哀れなことでもフェミニズムの裏切りでもないのです。

望まないのにシングルなら、時々は孤独を感じて当然です。**でも、自由を満喫し、意中の人に出会う前の冒険や失敗を経験することに、もっと喜びを感じてください。**

初めてのキスや、壁に押し付けられたままの20分間の激しい行為といったフレッシュな体験（交際三カ月以上の相手とは、めったに経験できません！）が、これから先に待っているのですから！

lesson 249

一人の時間を楽しむ

「悲しいシングル生活」の有効な解決法は、**「シングル」を卒業することではなく、「悲しい」を卒業することです。**一人時間の楽しみ方を覚えましょう。

変な話ですが、世界一の彼女／彼にめぐり合い、一緒にいて最高にハッピーでも、その人が明日バスに轢かれるかもしれないのです。一人でも楽しく充実した人間になりましょう。

一人でも平気な人は、「必要だから」ではなく「自分から選んで」誰かと付き合うことができます。「選ぶ」ことが重要なのです。焦りや孤独から誰かを求めるのではなく、相手を選び、自分が選ばれて恋に落ちるのです。

＊寂しいときは、自分一人のダンスパーティを開催しても。選曲はダフト・パンクの『Harder, Better, Faster, Stronger(邦題：仕事は終わらない)』など、自分のすごさを讃える歌がおすすめ。ビヨンセも、ほぼ全曲いけます。

恋の相手を見つけるには

デートに誘う！

デートに誘うのは、かなりシンプルでわかりやすい手順なのに恐怖を感じるという、出産に通じるものがあるプロセスです。そして、回を重ねるごとにラクになるのも同じです。

気になる人がいて、相手も自分に興味がありそうかもという場合、確かめる唯一の方法は、デートに誘うことです。誘えば答えが得られます。

あなたのよさがわからないような難しい人に恋焦がれて、時間をムダ使いしないで。誘うときのポイントは、曖昧な誘い方をしないこと。デートに誘う意図は、今ある曖昧さをクリアにすること、そしてデートにこぎつけることです。

成功するためには、こんな誘い方がおすすめです。

「私、あなたのことを素敵だなって思っているの。今度一緒に（コーヒー／お酒／ディナー）でもどう？」

「忙しくないときでいいから」とか「気楽な感じでかまわないから」などと**余計な説明は加えない**。自分を安売りしたり、断られることを予測する必要はありません。

誘うときは、シンプルな一文で。答えはイエスかノーかでいいのです。

こういう人とは、99・5パーセントが悲しい結末を迎えます。

- 外見は魅力的だけど内面は魅力的だと思わない（またはその逆）人
- 既婚者
- 親友や家族のパートナー／大切な人
- その人に、すでに過去に二回以上失恋した
- 7歳以上の「精神年齢」の開きがある
- 自分は「恋焦がれている」けど相手は「まあまあ」程度で気持ちに温度差がある
- 通常は、あなたと逆の性別に興味があるけど、例外的に関心を持ってくれている
- 蠍座の人（これは私の偏見です。ごめんなさい！）

lesson 251

恋愛感情を抱いていたら、友人のフリをしない

両方の立場の経験者である私に断言させてください。そんなことをしても、不満が募り、相手を傷つける結果にしかなりません。

好意を持ってくれる男性は、純粋にあなたと一緒にいることが楽しいのか、それともいつか裸を見たいと思っているのでしょうか。世の男性の皆さん、下心はいけません。女性はあらゆる男女の友情に疑いを持たざるを得なくなります。

逆の立場のときは、最初は会えるだけで幸せでも、徐々にいつまでたってもふり向いてもらえない苦悩にさいなまれることでしょう。

好きな人には、きちんと告白しましょう。**結果が思い通りでなくても、深みにはまらずにすみます。**

lesson 252

自分をふった人が悪人とは限らない

気持ちはわかります。でも、あなたとデートしたがらない（交際を続けたがらない）からといって、その人の趣味が最悪で、悪人で、一人ぼっちで死んでいって当然、

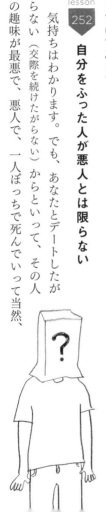

とは限りません。

ふられると傷つきます。でも、視点を変えて「断られ方」「ふられ方」のほうに注目してみましょう。礼儀正しかったですか？　率直にはっきりと話してくれましたか？　あなたを人間だと認め、感情とプライドがあることを尊重した言動でしたか？

答えがどれもイエスなら、その人はまともな人間です。どんな不当な理由かは知りませんが、あなたとの付き合いを望まない、というだけ。だから、許してあげてください（今じゃなくても、いつか）。相手が冷酷なモンスターではないという事実を受け入れましょう。自分から終わらせる（レッスン293）場合の参考にもなります。

lesson 253

苦手な人に好かれても冷たくしない

自分にその気がないからといって、冷たくあしらうべきではありません。好意を持ってくれている人には、親切にしましょう（「親切」と「誤った期待を抱かせる」はイコールではありません。むしろ真逆です）。面と向かって馬鹿にしない。理由もなく嫌わない。喜んで親切にふるまいましょう。**ただし、気を持たせないこと。**

交際のエチケット

覚えておいてほしいのは、年頃の男女「全員」がパートナー探しに興味があるわけではない、ということ。恋愛をする時間がない、過去の失恋を引きずっている、身体だけの関係が欲しい、など理由はさまざまですが、どれも責められることではありません――他人を傷つけない限りは。

「異性の友人」でいられる四つの条件

- 人として純粋に気に入っていて尊敬できる
- その人と恋愛したい欲望はゼロ
- 相手も自分と恋愛したい欲望はゼロ
- 他の誰の感情も傷つけない

かなり厳しいですが、これらの条件がそろえば、素敵な関係になれます。ただし、数週間か数カ月後に、どちらかの心変わりが発生して、砂の城が海に流される可能性が高いです。せいぜい、今を楽しみましょう。

感情がざわついたら、自分の心を正直に見つめましょう。傷つきそうな予感がしたら、話し合ってください。

相手に自分の気持ちを話したくない場合は、「なぜそうなのか」を胸に手を当てて考えてみましょう。本当はこっそり恋をしていて、そういう関係になることを望んでいませんか？　もしそうなら、相手にとってフェアじゃありません。正直に話すべきです。

lesson 255

翌朝に自分のしたことを後悔しない

翌朝がつらいときもあります。たとえ相手が素敵な人で、楽しい時間を過ごしていて、なおかつ、二日酔いじゃなかったとしても。

まずかったかな、と思ったら、**「二日後、この気持ちは多分消えている」**と、自分に言い聞かせましょう。世界の終わりではないのです。自分がしたいことをして楽しんだ、それだけです。嫌な気持ちが何度もぶり返すなら、レッスン259に進みましょう。

lesson 256

出会った夜に寝て違うと思ったら、即その場を去る

翌朝、居心地の悪い知らないアパートメントで目を覚ましても、こそこそと出て行

く必要はありません。あなたは何も悪くないのですから――ひどい気分になっているとしたら、相手に問題があったのです。

身支度をして持ち物を集めたら、忘れ物がないかをダブルチェック。価値のない相手に、「連絡をとる言い訳を残した」と思われるのはまっぴらです。背筋をぴんと伸ばし、楽しい時間をありがとうと冷淡に挨拶して、堂々と出て行ってください。

肉体関係になったら、恥ずかしくてもちゃかさない

花を贈れとまでは言いません。でも、誠意を持って親切に接しましょう。**どこかで会ったときに相手のことをちゃかしたり、自分の複雑な気持ちを「不親切」という態度で表現してはいけません。**

lesson 258

セックスの暴露話を（親友以外に）しない

気品のある行為ではありません。**レディは、セックスの自慢話をしないものです。**もしもたずねられても、「ええそうね、セスは素敵な人よ。私、大好きなの」と、はにかみ笑いをしながら、あいまいに答えて、口をつぐみましょう。

lesson 259

カジュアルセックスに罪悪感があるなら、やめる

たやすく身体の関係を持つことについては、本書では否定しません。性的嗜好は、経験しないとわからないこともあるからです。世の中には、感情移入を最小限にしたセックスが大好き、という人がいます。そういうタイプの人は、同じ考えの人と楽しんでください。この後の数レッスンは飛ばしてもらって結構です。

一方で、恋愛感情を持たない肉体関係に向いていない人もいます。そして一般的に、自分がどちらのタイプなのかは、カジュアルセックスの翌朝にならないと実感できないものです。

後者のタイプは、行為の前にはこう考えます。「今度こそ。今度こそ違うはず。罪悪感なしに楽しめるはず！」。そしてやはり、後悔するのです。

このタイプの人は、そんな自分を受け入れましょう。自滅しないで、本物の出会いを待ちましょう。そのときは必ず訪れます。

lesson 260

セックスを武器にしない

セックスが、愛情や喜びや親密さを深める大切な行為として、極めて建設的な役目を果たすこともあります（もちろん）。ただしセックスには、解体用の鉄球のような破壊力もあります。**これを使って他人にダメージを与えたり、あなたを傷つけた人に仕返しをしたり、自分を痛めつけたりすることもできるのです。**

セックスの行為が、自分や他人を苦しめる結果になりそうなら、そうならないように最善をつくしましょう。

lesson 261

セックスフレンドにならない

家庭のある人と不倫をしていた友人のことを思い出してください。そのうち、「素晴らしい経験だった」「望みどおりになった」と言う人は、何人いますか？　「浮気がバレたとたんに、相手のキャラが豹変した」と言う人は？

恋人やパートナーがいる人を好きになったとき、気持ちを伝えるのは、かまいません。ただし、**告白は一度きりにすることと、話の最中に相手の身体に触れないこと。**その後は、いったん忘れて前に進みましょう——その人が、今の関係を清算することに期待しながら。

浮気するタイプの人は、真剣なパートナーがいても浮気をします。だから余計な刺激を与えないために「身体に触れないこと」が賢明な策なのです。ちなみにその人は、**あなたとデートするために真剣なパートナーと別れることはありません。**別れさせようと画策するのはやめましょう。自分の魂が傷つく、といった抽象的なことではなく、ただちに直接的な悪影響を受けることになるからです。

本命がいる人と関係を持って「二番手」を受け入れた時点で、自分を尊重していないことになります。自分を「100パーセントの愛情を要求できる人間」と見なしていないのです。

それから、あなたが関係を持っているのは間違いなく「浮気者」です。その浮気者は、あなたに特別な魅力を感じているから関係を持つわけではありません。たとえ魅力を感じているとしても、浮気をするような人は自制心が弱いので、他の大勢の人にも特別な魅力を感じることでしょう。

真剣な関係を求めない、世間に何と思われてもかまわない、他人の家庭を壊しても平気だ、という人はしかたありません。でも、浮気者との未来を思い描くのは、ばかげたことです。

lesson 262 本気で好きな人以外とはデートしない

友人マックスからの、絶妙なアドバイスを紹介します。

「人間は、他人を好きになって感情を注ぎこんでも、見ているのは自分の頭の中身だけ。だから、誰かに夢中になっているときは相手も自分に夢中になっているように錯覚してしまう。でも、人と人の気持ちの交流は、両思いの場合は、双方向に同じレベルで行なわれるべき。一番いいのは、自分に似た『通貨』を持つ相手を探すこと。自分の感情が『ユーロ』で、相手が『一個買うと一個おまけクーポン』なら、手を引くべきだ。逆に相手のほうが熱心すぎるときは、自分から手を引くのが正しい道だし、自分のためでもある。相手の希望を少しずつ奪い、悲しませていると知りつつ交際を続けるのは、自分にもつらいことだからね」

＊この理屈は、付き合って最初の数カ月にはあてはまりません。最初のデートから、同じレベルで好きでいる必要はありません（そうだったら素敵ですが）。

lesson 263

ダメになるとわかっている相手に手を出さない

コメディアンのマイケル・イアン・ブラックが、映画『タイタニック』について話していた内容が、偶然にも素晴らしい恋愛アドバイスに応用できることに気づきました。

「映画の最初から最後まで座席から身を乗り出して、こう考えていたんだ。『これからどうなる？　この船はどうなってしまうんだ？』ってね」

沈むってわかっているくせに、のめり込まないでくださいね。

lesson 264 その気がない人に期待しない

ほとんどの人は、「あと一歩でパーフェクトな相手」に出会ったことがあるはずです。

これで私を好きになってくれたら、完璧なのに……という人です。理想の人なのに、ちっとも自分にピンときてくれない。これはイライラします。何らかの進展を期待してデートしたいと思うでしょう。

もちろん、しばらくの間、がんばってみるのはいいでしょう。でも、進展がなければ、最終的には手を引くべきです。自分を好きにならないからといって大好きな人を傷つけ、自分はなんてバカなんだと虚しくなる前にやめておきましょう。

デート

ついにやりました！　相思相愛でデートの運びとなりました。

何度か正式なデートをしてみる

次のことは、デートではありません。

- パーティの会場で待ち合わせる
- 友人の家に一緒に映画を観に行く
- マリファナでハイになって『アレステッド・デベロップメント』（TVドラマ）を観る

こういう会い方は正式には「デート」とは呼びません。レディのデートの目標は、互いによく知りあい、アルコールに頼りすぎずに（**一、二杯は許容範囲です**）心を通わせあうことです。

これならデートと呼べます。

- 一対一で会って、コーヒーを飲みながら楽しく2時間おしゃべりする
- 公園を散歩しながら、道行く人をおもしろおかしく観察する
- ディナーに出かけて二人掛けのテーブルにつき、相手を驚かせようと二人して偶然変なメニューを注文する

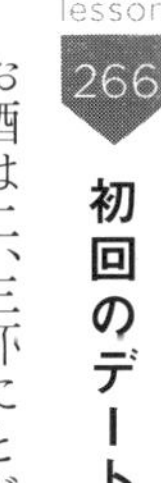

lesson 266 初回のデートで酔わない

お酒は二、三杯にとどめましょう。できれば一杯だけに。どんなにお酒が好きでも、二、三回目のデートまでは控えめに。こうすることで、初回のデートでセックスする確率も減ります。初回のデートでセックスするのも、一般的によくありません。

lesson 267 初回のデートで過去の話はしない

歳を重ねるにつれて、過去が多くなります。デートの相手は、数々の恋愛や失恋を経験し、性病にかかり、深刻な喪失の傷が癒えていないかもしれません。そしてあなたのほうも。その代わり、歳を重ねると恋愛が上手になってきます。

最初の数回のデートは、いわばお試し期間です。用心深く品定めして、相手が連続殺人犯じゃないかどうか確認してから、ようやくお互いのことを知り合うプロセスに入るのです。そんな段階で、自分の奥底に潜むダークな部分を暴露する必要はありません。まずは、分別のある人間だという信頼を確立しましょう。

＊もしあなたが性感染症を持っているなら、セックスに至る前に必ず告白するべきです。これは、レディというより、大人としての礼儀です。そのために、少なくとも半年に一度は検査をしま

しょう。反対に、性感染症を打ち明けられても動揺しないこと。性感染症を持つ人は多いですし、慎重と安全を心がければ、問題ありません。ただし、セックスの直前に突然切り出すのはダメです。多くの人は、裸のときに重要な情報をのみ込むのが得意ではありません。

lesson 268 デートで背伸びしすぎない

もちろん、多少よそゆきのバージョンを心がけるべきですが、別人格にならないこと。

「自分らしく」が必須です。永遠に別人のフリをすることはできません。うまくいくわけがないのです。**誰だって、ゆがんだ鏡に投影された自分ではなく、本当の自分を好きになってくれる人を求めているはずです。**だったら、相手に本当の自分を見せましょう。

たとえ別人に成りすましても、相手は「ラッキー！　超セクシーな天体物理学者で、僕と同じ〈シアトル・シーホークス〉ファンだなんて！」とは考えません。おそらく「この人、何か違和感があるんだけど、どうしてかな……」と怪しむはずです。

lesson 269 本気の交際になる前に、告白しておくべきこと

何度かデートを重ね、真剣な交際に発展しそうなら、相手に前もって知らせておく

べきことがあります。

- 離婚歴がある
- 子どもがいる
- 相手に迷惑をかけるかもしれない持病がある（精神的なものも含む）

次は、絶対に暴露すべきではないことです。

- 過去に寝た人の数
- 元恋人のほうがいいなと思うところ
- 外見など変えようのない部分で、相手の気になるところ

lesson 270

過去の恋愛話は秘密でいい

「でも、関係があることでしょう？　今この人と恋愛しているように、過去にあの人と恋愛していたのだから。せっかくだし、その話もしておいたほうがいいと思うんだけど……」

でも、たいていはあまり楽しい時間になりません。とりわけ最初の数回のデートでは禁止です。**元恋人を話題にすると、まだあなたの中で大きな存在なのだと思われてしまいますし、たいていは「元恋人のことを引きずっている」と解釈されます。**そし

て大人は失恋の傷が癒えていない人とはデートしないのです（レッスン302参照）。

lesson 271 「特別な関係」になるために

一カ月ほど経過して順調に物事が進み、「特別な関係になりたい」とあなたが望むなら、「ねえ、私たちって付き合ってるのかな？　私はそうしたいな」とだけ言いましょう。

相手のほうも肩の荷が下りて、切り出してくれたことに感謝する可能性が高いです。

相手が特別な関係を望まないなら……しかたありませんね。

lesson 272 恋愛中も「日常生活」を忘れない

恋人ができて最初の数カ月に、ウサギの穴に落っこちてしまうのは簡単です。新しい恋に夢中になり、何日でもベッドに横たわって顔をなであいイチャイチャと楽しく過ごす以外のことを考えられなくなります。かっこ悪いけれど最高の時期です。よかったですね！

だけど覚えておいてください。たとえ他の人が理解できないくらい深く激しく恋に落ちていても、**外の日常は消えてなくなりません。**

友人は会いたがりますし、ママは電話を待ってますし、職場は出勤を待ってますし、飼い猫はエサをほしがります。**すべてのことを普段どおり行なってください。**義務を果たした後に、罪悪感なしに愛の船で漕ぎ出せばいいのです。

lesson 273

恋人に「すべて」を求めない

主に、男性とデートしている女性向けですが、それ以外のあらゆる組み合わせにも適用できます。

自分は興味津々でも、パートナーにはそうでもないという話題は山ほどあります。あなたが〈ジャイアンツ〉の試合の一部始終に興味を持てないのと同じで、彼はあなたと職場の天敵との最新バトルの詳細には興味が持てないのです。

一人の人間にすべてを求めるのはムリです。お互いが興味を持つ話題を選びましょう。それなりに興味がある話題でも、聞いているうちに耐えられなくなってきたら、穏やかに会話の方向修正をしましょう。相手の反応にも注意を払いましょう。**リアクションがあって当然のタイミングで無反応なのは、話題を変えて欲しいと願っている証拠です。**

lesson 274 平然と「別行動できる人」になる

「平気よ」と口で言うだけではなく、心からそう思えるようになりましょう。たとえば私の友人カップル、サラとデヴィッドのように。二人とも社交的な性格ですが、サラはパーティの滞在時間の上限をきっちり決めています。

サラは、付き合うにあたって、デヴィッドに告げました。

「パーティに出かけても、私は2時間ほどで家に帰りたいの。私は本当は嫌なときに『平気よ』と言うタイプじゃないの。先に帰ってあなたのベッドで寝ているから、ゆっくり帰ってきて。そのとき、パーティのことをきくわ。本当に怒らないから一人で楽しんできて。一緒じゃなくちゃ楽しめないっていうことはないでしょう?」

別行動をするのは、不仲な証拠ではありません。素敵なカップルは、一緒にいるときも別々に行動するときも、堂々としています。なんでもかんでも一緒というのは、「想像力の欠如」の兆しかもしれません。

lesson 275 見栄でデートをしない

パートナーを「ステータスシンボル」扱いするのは、「トロフィーワイフ」を欲しがる男性だけではありません。友人の間でセクシーだと評判だから。グループで一番の権力者だから。お金持ち。条件がいい。これらはすべて、正しい選択ではありません。

外側の条件ではなく、人柄や、一緒にいるとどんな気持ちになるかで、相手を選びましょう。「ミスターXの恋人である自分」にセルフイメージや価値観をおいてしまうと、必ずしっぺ返しがきます。ミスターXが突然バスに轢かれる可能性だってあるわけですから。

デートするなら「顔」より「性格」

……つまり、人柄の悪い人は避けなさい、ということです。他人を大切に扱わない人は、いつかあなたにもそういう扱いをするでしょう。

人によって基準が違うので私なりの見解ですが、「見返りがなくても人に親切か？　誠実さに価値を置いているか？　価値観が同じまたは大部分が似ているか？」などが、判断材料になるでしょう。

こういった資質はセクシーさとは無縁ですし、外見の魅力は一目瞭然でも、心の構造は目に見えません。大なり小なり、内側からにじみ出てくるものなので、注意深く観察しましょう。誰だって、80歳になればセクシーではいられません。でも、**心がきれいな人はいつまでもきれいですし、意地悪な人はいつまでも意地悪です。**どちらを望みますか？

80歳になってもおしゃべりできるか考える

これは、友人エミリーからもらったヒントです。先に書いたように、80歳になると、セックスは二の次になります。でも、燃えるような情熱が消えたあとにも残って、しかも育めるものはなんでしょう？

一緒にいたい、という気持ちです。

ベッドに並んで横たわり、お互いに興味ゼロの本を読んでいるだけで、幸せな気持ちがあふれ出る。この人となら、障害を一緒に乗り越えられる。互いを理解し、許し合い、欠点を受け入れ、ディナーを楽しみながらおしゃべりできる。そんな資質を見極めましょう。とても重要なことです。

友人全員が嫌悪する恋人とは、別れましょう。みんなには、あなたに見えていない、大切な大切な何かが見えているのです。……そしてあなたも、いつかそれを見ることになります。

深入りする前に、「人生に望むもの」が似ているか確かめる

自分に合わない人と恋に落ちるのは、階段から落ちるくらい簡単です。そして、両方とも似たような結果に終わります。

「結婚したい？　したくない？」「子どもは欲しい？　欲しくない？」「結婚は一生に一度だけ？」「マンハッタンに住みたい？　郊外の小さな町がいい？」

人生に望むことを、今すぐ整理しなくてもいいですが、**どこかの時点では必ず確認すべきです。**そして、基本的な望みが違う場合は、つらいかもしれませんが別の人を探すしかありません。

lesson 279

「冷たい男」とは距離を置く

私たちは残酷な世の中に生きています。でも何とか耐えられるのは、相思相愛の人に囲まれて暮らしているから。一緒にいると、お互いが世間の残酷さからの緩衝材になるのです。

だけど、付き合っている人が総合的に見て、残酷さや不快感から、守ってくれるよりもむしろ与えてくるタイプの場合は、距離を置くべきです。しばらく時間をとって、なぜ自分がそんなふるまいを受け入れているのか考えてください。

なんらかの幼少時の人間関係の影響が影を落としている場合もあります。他人から不当に扱われるのを無意識に望んでしまう場合もあります。そう気づいた場合は、自分の問題の解決に取り組みましょう。

交際を長く続けるのはラクじゃないと知る

次は、いつでも簡単にできることのリストです。

- ベッドに寝そべる
- リアリティ番組を観る
- 美味しいペストリーをたらふく食べる

次は、いつでも楽しくできることのリストです。

- ジェットスキー
- 楽しそうにはしゃぐ子犬をながめる
- 美味しいペストリーをたらふく食べる

気づきましたか？　「長期にわたる恋愛関係」は、どちらのリストにも載っていません。恋愛関係を長続きさせるプロセスには、簡単でも楽しくもないことが多いものなのです。

でも、難しくてつまらないと悟った瞬間に身を引いていては、いつまでたっても一人のままです。**現実的な恋愛とは、毎日他人を愛する決心をすることです。**たとえその人が、ときに最悪にうっとうしく思えても。

どんなものにもメンテナンスが必要です。**人を愛するということは、一回限りの行為ではありません。いったん手に入れたら永遠に守らなければならないのです。**たとえるなら、木登りをしている6歳児のようなもの。すごく楽しいけれど、警戒して用心しないと木から落ちて手首をポキリと折ってしまいます。

lesson 281

他人を変えようとしない

育てるのが趣味なら、ガーデニングや木工細工やボランティアに打ち込みましょう。**自分の恋人を「育成プロジェクト」にはしないこと。**お互いに、いらだちと苦々しさを永遠に味わうことになります。

恋人のありのままを受け入れましょう。受け入れられないなら、別れるべきです。

人は、変わることができますが、それは本人が望んだときだけです。他人が変えてあげることはできません。大切な人のためを思って本音を伝えることはできます。でも、最終的には、他人をあなたの望むように変えることはできないのです。

lesson 282

セックスの重要性を軽んじない

いいセックスは、関係を続ける正当な理由になります。悪いセックスは、関係を解消する正当な理由になります。

セックスを重要視しない人もいるでしょう。でも、大部分の人にとっては核心的な要素です。子孫存続の本能のようなものでしょう。人間関係において決定的な差を生むのは、「その人と寝ている／寝る予定がある」か否かです。あなた以外の人とセックスをしません、という（おそらく一生涯の）誓いをたてるのですから、いいセックスをするべきです。

あなたの性欲が強く、相手はそうでもないなら、話し合いが求められます。浪費が大好きな人と節約が大好きな人の組み合わせと同じです。不一致はもちろん乗り越えることができます。でも、遠慮してその話題を切り出せないうちは、解決できません。

lesson 283 ベッドでの要求は、恥ずかしがらずに伝える

大切に思っている人をベッドで喜ばせる方法を知りたいと思うのは普通のことです。**相手があなたの気持ちに無関心なら、そもそもセックスをすべき相手ではない可能性が高いです。**

要求を知ってもらう唯一の方法は、自分から伝えることです。態度で示してもいいですが、複雑なことは言葉で説明しましょう。もちろんこれは、かなり気まずいことです。性的嗜好はいわば秘め事で、通常は語らない部分ですし、拒絶されたら、ひどく傷つきます。

だけど、繰り返しになりますが、良識のあるパートナーは、大切な人をベッドの上で喜ばせたいものです。リクエストがあまりにも常軌を逸していない限り、わくわくしながら新しいことを試してくれるでしょう。

lesson 284 セックスする前に、リスクや可能性について率直に話し合う

セックスの前に楽しい話で盛り上がると同時に、避妊や、性感染症、妊娠したらどうするかといった、あまり楽しくない話題も持ち出すべきです。

ただし、こういった話題をベッドの上で話し合うのはやめましょう。セックスは、精神的なエネルギーを奪われていないときにするのがおすすめです。

誰かと寝ること、つまりセックスは、大ごとです。簡単にできて楽しくて、したいときにすればいいことですが、一大事なのです。この本の中で、もっとも「お母さん的」なことを言わせてもらいますが、**セックスはなんらかの結果をともなう行為であり、その結果が人生を変えてしまうほど大きい場合もあります。**そのことを、どうか忘れないでください。

lesson 285

ケンカしてもヒステリーは禁物

「パートナーと一度もケンカをしたことがない」という人は「満点カップル」ではありません。ケンカを避けることはできても、自分の意見を持つ大人同士が一緒にいれば、意見が合わないことがあるのは当然なのです。

次は、効果的ではないケンカの手法です。

- 怒鳴る、罵倒する、その他、リトルリーグのコーチに過保護な親が文句を言っている場面を彷彿とさせる行為
- 本当の問題点や、相手が提案する解決法を認めようとしない

- 心からの謝罪を受け入れない

次は、効果的なケンカの手法です。

- 怒鳴らないと話せないほど頭に血がのぼったら、ひと呼吸置く。「愛しているわ、散歩に出かけてくるから、30分後に話しましょう」と言って外に出るか、友人か親に電話してグチを吐き出すとともに、意見を求める
- 何にどういう理由で怒っているのかを、批判を抑えて相手に伝える
- 相手の言うことに心を開いて耳を傾け、「何が何でも勝つ」という心がまえで口論を始めない
- **声を荒らげない。相手は愛する人です。犬を叱るわけではありません**
- 堂々巡りになりそうなら、自分からバナナを落とす（レッスン55）

lesson 286

本当にしたいと思うまで大きな決断（同棲、子づくり）はしない

人生に行き詰ったときは、「大きな決断をすること＝世の中（と自分自身）に自分の価値を証明する行為」と思ってしまうことがあります。でも、それは最悪の行動です。大きな視点で考えれば、人生に起きるほとんどの問題は大した問題ではないし、たいていの失敗は大した失敗ではありません。でも、**確信が持てない相手との子づく**

りや同棲は、完全に問題かつ間違いです。だから絶対にやめてください。

未熟な人と同棲することが大きな間違いだとは言いません。でも、どうなるか想像がつきますか？　不確かな恋愛関係に頼ったライフスタイルを送ることになるのです。

同棲

あの人と一緒に住む！　考えただけでウキウキします。二人きりで、愛の巣で愛し合って暮らすのですから。

同棲が成功することもあります。試しに一緒に住んでみて、精神的に参ることなく共同生活ができると証明できれば素晴らしいことです。でも、同棲が破滅の始まりになることも。まずは地ならしが必要です。同棲する前に確認しましょう……

● 最初のラブラブ期を過ぎてから数カ月の交際が順調ですか？

「順調」とはこの場合、

❶ 醜い大ゲンカが一度もない

❷ 破局しそうではない、もしくは破局してからヨリを戻していない

❸ 交際に絶望を感じることがないのすべてを満たすことです。他にも、

● 家まわりの価値観は、自分と同じですか？　部屋は常に清潔できれい？　靴下がソファの背にかけっぱなしじゃない？　インテリアで妥協できる（もしくは、片方が色も形もこだわらないタイプ）？　来客の多いにぎやかな家？　それとも早寝をする静かな家？　交際を通して、相手の生活習慣の多くは把握できているでしょうが、前もって話し合っておくと、あとでケンカにならなくてすみます

● 同棲したいのは、経済的な理由からですか？　確かに節約になりますが、万一破局した場合も考えて、相手に依存しなくてすむように、まずは自分の経済状態を安定させるのが、レディの決断です（Chapter5を参照）

同棲中は……

● 支払いに関して、一定のルールを設けること。私が聞いた名案の一つは、共同口座を開設して、家賃や光熱費、食費などを各々入金して、支払いをすべて一本にするというやり方です。収入に大きな差があるカップルは、片方が多く出すかどうかについても相談しましょう

不公平にならないように家事分担を相談しましょう。片方に負担がかかると、わずかな怒りがあっという間に増殖して、あちらこちらで火を噴く結果になります

●食事の準備をして一緒に食べますか？　料理は誰が？　片付けは？　スーパーでの買い物は？

●あなたが飼っているペットに、意見を聞きましたか？　同棲に反対していませんか？　ペットにも感情があります

同棲を解消するときは……

●関係が悪化したら、現状から抜け出す選択肢を考えてみましょう。少しのあいだ泊めてくれる知り合いはいますか？　一人が出て行ったときに、残った方が家賃を払い続けることができますか？　ムリなら賃貸契約が切れるまでは保留にしておいても

婚約をフェイスブックで発表しない

SNSに流す前に、家族や親しい友人に直接報告しましょう。ソーシャルメディアは、重要なニュースを発信するには信頼できないメディアですし、その過程で傷つく

人がいるはずです。大切な人への報告が終わったら、世界中に発信して大丈夫です。ヤッホー！

恋の邪魔者

恋のライバルという意味ではありません。大切な人ができると、最低一人の知人は以前ほどかまわれなくなります。そういった、周辺の人たちとの付き合いについてのアドバイスです。

lesson 288

残念だけど、彼の友人を拒否する権利はない

男性には、彼女を置いて男友達とつるむ時間がたっぷり必要なのです。ほとんどの男性は、夜遊びのときに男友達が彼女を連れて来なくてもガッカリしたりしませんから。

だから、**彼氏の友人の悪口は、彼氏には言わないこと**。どうせ言わなくても、なんとなく態度で嫌いだと伝わるはずです。彼にとっては、愛する恋人が大切な友人を嫌っているなんてキツイはず。しかも状況を改善する術がないのです。

彼の親友や家族とは良好な付き合いを

彼にとって大きな存在である親友や親兄弟のことは、ひたすら受け入れて友好関係を保ちましょう。**たとえ互いに苦手な相手でも、どちらも彼を愛しているのは間違いないのです。**彼と付き合うためなら、内なるパワーと精神力のすべてをかき集めて努力してください。

これらはすべて双方向であるべき

彼にもそうしてもらいましょう。これは絶対です。彼にとっては苦手な人でも、あなたにとって大切な人たちなら、受け入れて広い心で接してもらうべきです。絶対に。

破局したら

すべての恋愛が破滅的な終わりを迎えるわけではありません。結婚や、末長いパートナーシップとして実を結ぶ場合も多いですし、大切な思い出を胸に、穏やかに自然消滅することもあります。

でも、**少なくとも20代前半の恋愛は、苦くつらい破局に終わる可能性が非常に高いです。**これは避けがたい事実です。

破局には、「別れを切り出す側」と「別れを切り出される側」という役割分担があり、役がかぶるときもあります。「どうでもいいわ」と両方が思うぐらい関係が冷めている（もしくは、最初から真剣じゃなかった）場合は、悪口だけを慎む（レッスン303）ようにすればOKです。

でも、たいていの場合、破局後は**一人が傷つき、もう一人はもっともっと傷つきます。**「ものすごく傷つく側」は後回しにして、まずは「少し傷つく側」の話から始めましょう。

lesson 291

便利だからといって、ずるずると関係を続けない

終わりと確信したら、その恋は早く終わらせるべきです。いつまでたっても、別れはラクになりません。**数年続いた恋が「大ごと」でなくなる瞬間は、永遠にやってこないのです。**

こんな風に考えてください。あなたと彼は、隣同士に植えられた木です。成長するにしたがって、枝葉が伸びて、ぶつかり合ってこんがらがり、太い枝をいくつか払い

落とさない限り、動けなくなるのです。

終わりの兆候

- セックスに以前より興味がなくなった
- 何かが違うという気持ちが心の奥底にあり、どうしても打ち消せない
- どこが好きだったのかを思い出せない
- 以前は愛しかったのに今はうっとうしく思える言動がある
- 他にセックスしたい人がいる、またはすでにしている（この場合は、グズグズしないですぐにスッパリ終わらせること！）

lesson 292

前もって精神的な距離を置きはじめる

もう終わりかもと思ったら、別れる準備期間として、少しずつ精神的な距離を置きましょう。ただし、二週間以上は引っ張らないこと。あなたが時間稼ぎをしている間、相手は不安や疑惑に苦しむことになるからです。

とはいえ、百あったものを二、三日でゼロにすると、人格を疑われます。時間をかけて少しずつ距離を置き、部屋から荷物を運び出してから別れを告げましょう。

＊何らかの暴力を受けている場合はこの例にあらず。問題が明らかな場合（薬物乱用や浮気など）

も同様です。**ただちに手を引くべきです。**一緒に住んでいて、自分に被害が及ぶ可能性があるなら、今すぐ出て行きましょう。相手が仕事に行っている間に友人に召集をかけて、荷物を運び出してもらってください。今はその作業に集中して。この本の残りは後で読みましょう。

lesson 293 別れを切り出すときは穏やかに、かつ単刀直入に

別れ話を切り出すときに、次のことを言うべきではありません。**これらは、一見優しそうな言い回しですが、実はとんでもなく残酷です。**事情が変われば元に戻るという期待を抱かせ、失恋状態が保留になるからです。

- 「今は恋愛をお休みしたいの」（じゃあ、いつかヨリが戻るの？　君が決断するまでは煉獄（れんごく）の苦しみだが我慢するね）
- 「友人でいたいの」（いいね、そうしよう。友人として付き合っているうちに、また僕のことを好きになるよね？）
- 「窮屈な感じがするから、ちょっと一人になりたいの」（「今」は一人になりたいんだね。じゃあ、すっきりするまで待っているよ）

本気で別れたいなら、単刀直入に言いましょう。不必要に傷つけたくないのはわかります。でも、自分の気まずさが多少和らげられるだけで、相手にとっては最悪の状態になります。

大人の別れ話は、こう切り出します。

●「聞いて。本当に本当につらいことなんだけど。私、別れたいの」

引き止められても耳を貸さない、あいまいな受け答えをしない、誤った期待を抱かせないこと。

lesson 294 最後通告は突きつけてもOK

「たった一つだけ変えてくれたら、交際を続けたい」と心の底から思っているなら、ぜひ相手に話してください。継続できる条件を設けるのです。

「お酒を飲むなら、デートはできないわ。私との付き合いを続けたいなら、飲酒をやめてほしいの。今この場で断酒して、証明してちょうだい」

この手が使えるのは、せいぜい五年に一回です。最後通告は、形勢を一転させるためのもの。果てしなく繰り返す機能不全のパターンに陥ってはいけません。

lesson 295 本当に本当に終わりなら、理由は話さない

よほど明確な事実関係がない限り、別れたい理由はつまるところ「なんだか違う」と「お互いもっとふさわしい人がいるはず」の二点でしょう。好きじゃなくなったか

ら悪人というわけでもないし、気持ちを変えることはできません。

別れたい具体的な理由があっても、それがよっぽど相手の成長と今後の恋愛の参考になるという場合を除けば、話すのをやめましょう。「食べ物を噛む音に耐えられない」「つばの味が変」は、言わないカテゴリーです。それらの不満は、あなたが積み重ねてきた負の感情の氷山の一角にすぎないのです。

別れを切り出されても潔く去れば、自尊心は残る

ちょっと胸に手を当てて「今までで最悪の瞬間」の映像を思い出してください。その少なくとも一つは、失恋がらみのはずです。本当に破局したら、涙と鼻水を流してボロボロになったっていいんです。

だけど、残酷な会話が行なわれた部屋を出るときは、ひと呼吸置いて威厳を持って潔くふるまう努力をしてください。

あなたはふられました。

たとえ今は、なにもかもが最低に思えても、**その最低のレベルに何とか踏みとどまるか、威厳を失ってさらなる最低レベルを更新するかは、自分次第です。**

愛していた彼はもういません。でも、あなたにはプライドがあります……今ここに、自分の中に。

これからの数週間や数カ月を、電話やメールで責めたり引き止めたり、車で相手の家のまわりをうろついたりするのは、自尊心に反する行為です。

「納得のいく説明」はない

誰だってきれいに別れたいものです。でも、そんな期待は「優しいペガサスさんが私の書いた小説を読んでくれないかなあ」と願うのと同じぐらい現実味のない話です。

ここで言う「納得のいく説明」とは、捨てられたにもかかわらずクズみたいな気持ちにならなくてすむ「魔法の別れの言葉」のことです。**でも悲しいことに、そんなものは存在しません。**現実には、何カ月も何年もかけて内省して悟った末に、ようやく心の決着がつくというもの。それでも未消化かもしれません。別れたばかりの元恋人との拷問のような会話からは、なんの決着も得られません。

こんな「納得のいく説明」を期待していませんか？

あなた「どうして私と別れるの？」

相手「君はあまりにも素敵すぎるから。僕よりもはるかにユーモアがあるし、僕が足かせにならなければもっともっと輝けると思ったんだ。あまりにも君を愛しすぎて、これ以上一緒にいてもらうのが、わがままのように思えるんだ。だって僕は、君といたことで、すでに人生五回分の楽しさを味わってしまったから」

あなた「そうなの。いいわ、あなたがそう言うなら」

でも、相手が正直に本音を話すなら、実際にはこんな会話になるでしょう。

あなた「どうして私と別れるの？」

相手「君が食べ物を噛むときの音にこれ以上我慢できないんだ。それから、君とのセックスには飽き飽きしちゃって。他の人とセックスしたいよ。君以外の、クチャクチャ音を立てない人と。それに、僕のママが君のことを嫌ってるんだ」

あなた「そうなの。いいわ、あなたがそう言うなら」

こんな会話、したいですか？

相手はおそらく理由を言いません。言ったとしても、いい話ではないはずです。あなた自身が最後に別れを切り出したとき（浮気や薬物依存など、明らかな理由なしに）を思い出してください。説明を求められて、正直に話しましたか？　話したいと思いましたか？　ノーですよね。理由があったとしても、答えたところで気まずい気持ちは和らぎません。暴露した自分が嫌いになるだけです。

「納得のいく説明」を待ちたいならそれでもいいでしょう。でも、**理由に関係なくとにかくダメなのだという事実をさっさと受け入れると、大量の時間と怒りを節約できます。**

自分をふった相手とは二カ月は話しちゃダメ

この助言は、グレッグ・ベーレント／アミラ・ベーレントの共著『大事にされない女たち——男の本音を知りたいあなたへ』（イースト・プレス）からの引用です。失恋をしたばかりの人にはおすすめしにくい本ですが、非常に役に立つ良書です（本棚にこの本があるのを人に見られたら恥ずかしいかもしれませんが）。

著者たちがアドバイスするのは、ふられた相手とは最低でも二カ月間は口をきくべきではないということ。電話もメールも、フェイスブックに怒りまじりの近況を書き込むのもダメ。すべて避けてください。

つらいですが、そうすることで絶対に必要なプロセスを始めることができます。

まず、その人なしの人生を受け入れることです。

真剣に付き合っているときは、相手に沿って人生設計をしています。でも、相手がいなくなった今、あなたの表面は輪郭を失っています。今すべきなのは、彼という支えなしで一人の完全な人間になることです。だって、もういないのですから。

一人になって、傷を癒しましょう。連絡をとって、痛みを引き伸ばすのはやめて。一人でも充実した時間が過ごせるフィールドを活用しましょう。

友人に「破局ニュース」を流してもらう

報告すべき人はたくさんいるけど、一五回も同じつらい話をするのは気が進まないというときは、友人の一人に「実はこうなったんだけど、話すのがつらくて」と事情を話して、広報係をお願いしてもいいでしょう。

lesson 300

精神的にもろくなっても自分を許す

失恋すると、正気の人でも精神的にもろくなります。心から悲しんでください。必要があれば、何年でも。悲しんでいる自分を責めても何の役にも立ちません。紛らわせる手段があるなら使ってください。

その悲しみは、素敵な恋をした証拠なのです——たとえ、最終的にうまくいかなくても。

悲しみは永遠には続きません。でも、今は感じていいのです。来週も、来月も、来年も。果てしなく続くように思えても、必ずいつかは消えます。いつの日か感情の引き出しを開けたら、空っぽになっているはずです。

「脳内麻薬」を分泌しない！

私は20代前半に、ある男性と熱烈な恋をしました。それはもう夢中で、自分の幸運が信じられないくらい素敵な人でした。誰かに言いたくてたまらなかった。その人との電話を切ったあと、一人でソファに座ったまま、ビートルズのコンサートで歓喜するハタチの女の子みたいに、キャーキャー叫んだこともあります。

でも、満足できる恋愛ではありませんでした。彼が私のことを本気で好きじゃなかったからです。いえ、本気だったかもしれないけれど、私には足りなかったのかも。彼は私に確信が持てなくなり、結局私は、最悪の苦痛を味わうことになりました。

そして、お察しの通り、私たちは破局しました。

その後の私は、スーパーで彼にばったり会ったり、どこかの会場で見かけたりするたびに、一瞬かつての気持ちを思い出した後、胸が押しつぶされそうな感覚に苦しみました。

まるで「脳内麻薬」の実験用ラットです。この有名な実験では、ラットが小さな足でレバーを押すと、時々コカインが与えられ、時々与えられない、という条件を与えました。

科学者が発見したのは、ラットは何度も何度も、何千回でも、死ぬまでレバーを押し続ける、ということ。たとえコカインが与えられなくても、永遠にレバーを押し続けるのです。失ってしまった恋も、同じこと——私はそう気づきました。

ラットのように、愛情のレバーを押しても、何も得られない。ついに私は受け入れました。あのときのような感情を、少なくとも彼との関係においては、もう二度と味わえないのです。携帯電話を通じて彼の声を聞いても、二度とソファでキャーッと叫ぶことはありません。彼と「偶然」出会えそうなパーティに行っても、二度とあんな気分になることはない……だから、私はレバーを押すのをやめました。

lesson 302

失恋の穴は別の人では埋まらない

人間は、時計の部品ではありません。交換不可能で、前とそっくり同じ人が見つかるわけはなく、同じ関係になる期待もできません。その人が恋しくてたまらないなら、たっぷりと恋しがりましょう。**ハートに空いた穴を継ぎ目なくふさいでもらおう**

と期待して、大勢の人を傷つけないで。期待してもムダですし、その人たちに失礼です。

元カレの悪口を言わない

心を許して本音を言い合える親友ならいいですが、他人や知人や詮索好きの同僚には言わないこと。

そうしたい気持ちはわかります。でも、やめましょう。どっちがふったとしても、自分が冷静沈着でも歓喜していても動揺していても、話は次の点だけにとどめること。

- 実は、○○さんとはもう付き合ってないの
- だけど今もいい友人なの（これは言っても言わなくても）
- 以上。話はこれでおしまい、という口調で締めくくり、別の話題に移りましょう

どんな理由で別れようが、その理由が正当であろうがなかろうが、公式な理由はこうです。

「彼は素晴らしい人。でも、お互いに合わなかった」

こう言われたら、突っ込めません。「お互いに合わなかった」は汎用性が非常に高い言い回しです。浮気。飽きた。怒鳴り合いのケンカをした。相手の家族が嫌い。付き合って楽しかったけれど、何かが違うという気持ちをふり払えなかった。

理由はどうあれ、一度は愛した人なのです。どうでもいい人たちの好奇心を満たすために、あれこれ吹聴するのは、みっともないことです。

lesson 304

元カレが生きていることを許す

元恋人は、あなたの願いに反して、この世に存在し続けます。抵抗があるのはわかります。彼が、アフガニスタンの寒い山奥に引っ越して、世捨て人として新たな人生をスタートさせ、乾燥したヤクのフンをせっせと集めて収入の足しにすればいいのに、と願うのは当然です。でも、その人が目の届く範囲で生活を続ける可能性は高く、いつかは他の誰かとデートするという事実を受け入れたほうが、心の平安につながります。

lesson 305

いつか友人になる努力をする

双方が破局を心から受け入れていることが大前提です。当面は距離を置く必要があったことも理解しているべきです。

でも、かつてはお互いにとって大切な存在だったのです。だから、元恋人と素晴らしい友情関係を築ける場合もあります。ただし、自分の心と相手への気持ちに、お互いが正直であることが必要です。それから、現在のセックスライフについて絶対に詳しく話さないこと。

恋人とは同じチームになる

破局とは関係ありませんが、とても大切なことなので、この章の締めくくりにさせていただきます。

誰かと付き合うときは、同じチームに属することが大切です。たとえ相手が間違っているかもしれなくても、味方になってあげるのです。相手のチームに入れないと気づいたら、注意信号かもしれません。でも、できる限りの誠意を尽くして努力しましょう。心から相手を信頼し、言葉でそう伝えましょう。彼の幸せは、先頭を切ってお祝いしてください。人生には残酷なことも暗い出来事も多々あります。だからこそ、いつも味方をしてくれる人がいることが、ささやかな励みになるのです。その事実一つだけで、世の中はそれほど暗くも残酷でもないと思えるものなのです。

Discussion Question

考えてみて!

1
素敵な出会いを期待して出かけた場所のうちで、一番変な場所はどこでしたか?

2
「失恋」と「大腸がん」では、どちらが最悪だと思いますか?

3
別れ話を切り出したもっとも理不尽な理由はなんですか?
それは間違っていた? いいえ、きっと正しかったのです。

家族

世の中には、さまざまな家族の形があります。超円満かつ仲良しで、愛にあふれ、毎週日曜日には集まって食事をし、歌って笑って、全員がお気に入りのボードゲームで遊び、ゲームの最中でさえ誰も競い合わないという家庭で育った人もいれば、母親と二度と口をきかないと決意した人もいるでしょう。大部分の人はその中間で、時によって関係が微妙に変わるのではないでしょうか。

家族を変えることはできません。でも、家族との関わり方を変えることはできます。家族のよい部分は見習う。家族にまつわる混乱や揉め事は回避する。そんなふうに対処法を選べばよいのです。

大人になると、家族と新しい関係を築くのも仕事のうちです。家族との間に境界線を引くのも、その一部。家族のよき一員になるには、そして、自分にできる範囲で愛情を注ぐには、どうすればいいかを探るのも大切です。もちろんそうしたことは、

「トイレットペーパーを買い忘れない」よりも手ごわいけれど、学んだことの見返りは、はるかに大きいはずです。

＊この章は、家族の一員であることの「つらさや苦しさ」に焦点を当てています。その理由は、従姉妹たちとパーッと飲みに行く方法とか、子どもの頃からママが毎年焼いてくれる誕生日ケーキを食べて盛り上がる方法については、みなさんがもう十分ご存じだからです。素晴らしい出来事がごく自然にたやすく当たり前に行なわれるのが、家族の美点。その一方で、家族における揉め事は大きく厄介になりがちです。

注意！　親は、次のどれでもありません

- ＡＴＭ
- いつでも立ち寄ってやりたい放題できる家（つまり実家）の管理人
- 神様
- モンスター
- 子どもの失敗の尻拭いをする責任者
- 子どもの自立の邪魔をする人

家族と接するときは、できるかぎり品よく優雅に

本題に入る前に、医療ソーシャルワーカーの資格を持ち、二五年にわたって個人・家族・カップルのカウンセリングをしているレイニーの言葉を紹介します。

「私は『品格』という言葉が好きです。品格を持って人と関わる。品格を持って解釈する。相手の行為に何の悪意もないことを信じて、最大限に善意を期待する。疑念があったり心が傷ついたりした場合は、説明や謝罪を求めましょう」

何かおかしいと思ったら、大切な人には直接疑問をぶつけましょう。

何かされたときは、嫌いだからではなく、ちょっと意地悪をしただけ、という可能性が大です。愛情が失われたからではありません。

この章のテーマに戻ります。**手始めにすべきなのは、「大人として扱ってもらえるほど自分が大人になった」と親に証明することです。**「お母さんは私の上司じゃないのよ！」とヒステリックに叫んでも、大人の証明はできません。

lesson 308

自分の成長を証明する責任は自分が背負う

親は、子どもから見れば、生まれたときからずっと大人です。**子どもから大人に変**

化したのは自分のほう。それを親に証明するのは、自分の仕事です。

大学進学のときに実家を出たのなら、親は大学でのわが子の成長を間近に見ていません。親は、わが子が初めて歩いた瞬間をつきっきりで見守ることはできても、社会人として働く初日を見守ることはできないのです。

私はといえば、企業年金（401k）を持ち、スポーツクラブに通う立派な大人の女性です。親もたいていは、そういう目で私を見てくれます。だけど時には私のことを、親の介入なしでは、自分のウンチに埋もれてたちまち窒息してしまうような「赤ちゃん扱い」することもあります。

親がわが子を赤ちゃん扱いしたくなる気持ちは、わからなくもありません。そんなとき、**私は敬意を払いつつ穏やかに拒否しています。**それでいいのです。

lesson 309 親は子どもの自立を少しだけ寂しがっている

大人になるということは、親が新生児のときから育ててきた子ども時代と一線を画すことです。親にしてみれば、大人になったわが子を愛しつつも、育てて愛情を注いできた子どもが遠ざかってゆくのがつらいときもあります。**そういった感情は、子どもではなく親の問題です。あなたが解決すべき問題ではありません。**でも、親にそういう感情があることを理解してあげてください。

lesson 310

大人の証明をするときは、親の期待に沿ったポイントで

定職に就く大切さを強調する父親に、「大人らしさ」を証明したいときには、自分が定職に就いていることに加えて、昇進のニュースを伝えましょう。

健康的な生活を大事にする母親には、きちんと食事をしてスポーツジムにまで通っていると報告しましょう。

両親が一所懸命子どもに教えてきた「課題」を学習していることを伝えて、安心させてあげましょう。

「**親の価値観における『大人の定義』をクリアしていない限り、彼らは子どもを大人扱いできないものです**」と話すのは、医療ソーシャルワーカーの資格を持つシェイラです。「子どもは、親の価値観を知り、今の自分に何が求められるかを考えることです」

lesson 311

親から定期的にお金を受けとらない

親に頼りながら自立した大人だと証明するのはムリです。親に頼るのは自立とは正反対のことです。特に、お金を頼るのは要注意。親のお金を受けとるのは、いわば親を人生の株主にすることです。これでは、**大きな決め事をするときに、親に投票権がある株主のようにふるまわれてもしかたがありません。**

最善の努力を尽くして仕事を見つけ、資金を得て、自活しましょう。「親銀行」への引き出し要求は、最小限にすること。

「親からの補助が定期的にならないように。親からの援助なしにそれなりの生活ができるようになるべきです」。友人ナンシーの言葉です。

とりわけ、**両親がお金に「ヒモ」をつけている場合は危険です。**

結婚・家庭カウンセリングの資格を持つクリスタルは、結婚を控えたカップルから相談を受けました。花嫁の母親が、希望する会場で式を挙げなければ資金を援助しないと言い出したのです。花嫁はそれならと援助を断って自分たちが希望する会場で結婚式を挙げました。

このタイプの親は、エスカレートする危険があります。住宅購入の資金を援助すると言いながら、カーテンの色まで選ぶかもしれませんよ！　気をつけて！

lesson 312

親を「尊重する」のと「頼る」のは別

親というものは、いつまでも子どもの人生の一部でいたいと思い、いつまでも会いたがってほしい、大切に思ってほしいと願うものです。ここがキーポイントです。**尊重はしても、頼らないこと。**

母親に意見を求めるのと、母親に確認しないと決断できないのとは違います。「親の意見は必要ない、と考えるのではなく、**親の立場を『好意的な司令官』から『信頼できるアドバイザー』に移行させるだけです**」。

lesson 313

時にはレストランでごちそうする

余裕があるときだけでいいのです。食事をご馳走するのは、間違いなく大人のふるまいですし、二つのメッセージを親に伝えることができます。

❶ **夕食をご馳走できるぐらい稼いでいます**

❷ **親だけに負担をかける親子関係は卒業したことに気づいていますよ**

親を大切にするには

親が与えてくれたものをお金で返すことはできませんし、その義務はありません。

親に育ててもらった恩は、一生かかって返す負債ではありません。でも、虐待などまれなケースを除いて、**すべての親は子どもからの感謝と恩義を受けるに値します。**せめて誕生日には電話をかけましょう。義理ではなく、心から、喜んですべきです。

悲しいことですが、祖父母や両親と過ごせる時間は限られています。親はいつか亡くなり、子どもは親なしで人生を続けていくことになります。だから、今のうちに親孝行をしましょう。**「愛している」と伝えましょう。**親孝行の内容は人によって違いますが、親に感謝して愛情を表現するためのヒントをいくつかお伝えします。

lesson 314

親もファーストネームがあり、秘密がある「一人の人間」である

「母親の子ども時代なんて想像できなかったわ。子どもの頃の写真を見せてもらって

も、ピンとこなくて。ティーンエイジャーだった姿や会社員だった姿なんて、想像ができなかった」と、レイニーは言います。「だけど大人になると、親を一人の人間として見直すべきよ」。「どうして？」と私がたずねると、こんな答えが返ってきました。

「その質問、そのまま返すわ。**どうして自分は、親に『娘』じゃなくて一人の人間として見てもらいたいと思うのかしら？**」

lesson 315

親を「友人の一人」として見てみる

お父さんは子どもの頃、何になりたかったのでしょう？　お母さんの初恋の相手は？　親を友人として見ると、どういう人ですか？　親がすごく悲しんでいたのは、どんなときですか？

大人になると、親と「友人」のように仲良くなれます。その満足感といえば、言葉にできないほどです。親を「一人の人間」として知ろうとするうちに、親のほうも、子どもに本音を打ち明けたり、単に用件を伝えるだけではなくて、その裏にある詳細を話したりする相手として見なすようになります。

私が人生最高に誇らしかったのは、母親が電話をかけてきて、職場の相談をしてき

たときでした。

lesson 316

親と電話するときは、必ず近況を聞く

親の誕生日や祝祭日には電話をかけるべきですが、それ以外にも「どうしてる？」と親の話を聞くようにしましょう。親の結婚記念日には、末長い愛情を願う手紙を書きましょう（両親から学んだ愛情のあり方について、短く書き添えるとなおよいでしょう）。ゴルフで優勝した、表彰を受けたといったニュースがあれば、おめでとうの言葉を伝えましょう。

できれば、親のほうからしょっちゅう訪ねてくるからと思わずに、自分から会いに行ってさまざまな節目をお祝いしてあげてください。

lesson 317

週に一度は電話する

親はわが子が大好きです。いつでも会いたいと思っていますし、遊びに来て帰った後は、抜け殻のような気分になっています。同じ町内にでも住んでいるのでもない限り、たまにしか会えません。その間を埋めるのは、電話しかないのです。

一時間も話をする必要はありません。長電話になりがちな親なら、会話の最初にこ

れから外出するとか、これから来客があるなどと断っておきましょう。たとえ10分でも、話す時間がゼロよりはずっといいです。

「親の子育て（つまりあなた）」が成功したことを知らせる

親との関わり方について、友人レイチェルから絶妙なアドバイスをもらいました。「大事な決断をするときに、親にアドバイスを求めることがいい関係を保つコツだって、最近わかってきたの。**親に、今でも以前とは違う形で頼りにしています、と知らせるのはいいことよ**」

lesson 319

最近の自分や友人の写真を同封したカードを送る

たった3ドル（50セントの切手＋50セントの写真＋2ドルのカード）で、親を25ドル分楽しませることができます。写真には、「モリーと一緒にボーイズⅡメンのコンサートに行きました」のような説明を添えるといいでしょう。「愛してる、会いたい」という親へのメッセージも忘れずに。

親の自慢話のネタになる

「うちの子の素晴らしさ」というテーマで延々語り続けられる人は、この世に二人しかいません。「うちの子」の両親です。

もちろん友人も成功を喜んでくれますが、上出来だった仕事のプレゼンの一語一句を何度でも聞きたい、とまではいかないでしょう。

カウンセラーのシーラはこう言います。「親は、自分たちの子育ての成果として子どもの成功を見ています。親の自尊心は、子どもの出来に左右されるものです」。**子どもは親のライフワークなのです**（ただし前述したように、子どもだけが親の人生ではありません）。両親は、他のどんなことよりも、わが子をまともで立派な人間に育てる努力に時間を費やしてきたのです。**努力が実を結んだことを伝えてあげるのが、親孝行です。**

ボーダーラインを引く

「ボーダーラインを引く」という言葉は、関係がさほど近くない知り合い同士では、あまり使いません。でも、自分のプライベートをしゃべりすぎる人（夢を語る、セックスライフを暴露する）は、知り合いとの「ボーダーラインを引く」ことが必要になるでしょう。

そして、**家族同士の人間関係は、ボーダーラインがすべてです。**「家族があなたに望むこと」と「あなたができること」を考えてみて、ボーダーラインをつくりましょう。

lesson 321

ボーダーラインを決めるのは自分自身

他人にボーダーラインを決めてもらうことはできません。ボーダーラインは自分の頭の中に存在しています。**自分が平然としていられる状況や、はらわたが煮えくり返るパターンを正確に知っているのは、自分しかいないのです。**

lesson 322

誰の要求にどこまで答えられるかを知る

「自分のボーダーラインを探す」。レイニーによると、それが最初のレッスンです。ボーダーラインを決めるために、まずは自己分析をしましょう。何かを頼まれたら、たとえ本心ではやりたくなくても、**「できる範囲で別のこと」**を申し出るのがいいでしょう。ストレスを感じる親戚に、一緒に旅行に行きたいと言われたら、断る前に共有する時間が少なくてすむ場所やルートを一考しても。

家族のためなら、あまり気が進まないこともある程度はすべきです。私自身、時々おばあちゃんに電話をかけるよりもベッドに寝そべってTVドラマの『マッドメン』を観ていたいと思います。でも、自分がすることで親戚にもたらす幸福感のほうが、自分の退屈や他にしたいことをキャンセルする残念さに勝るなら、ぜひやりましょう。自分自身の心の成長につながります。いいですか、今すぐおばあちゃんに電話をかけてください。

ただし、「あまり気が進まない」のと「やりたくない／できない」とは別物です。本当にしたくない・できないことと、やりたくないことの差、それが「ボーダーライン」です。

lesson 323

ボーダーラインを越えそうな親戚は、優雅にかわす

親が子どもに口出しをしたがる理由は、それが子どものためだと思って

いて、子どもには「正しい（と親が確信している）決断」をして欲しいからです。そんなときは「私の支えになってくれているんだわ」と理解し、親を気遣うべきですが、度を越した場合ははっきりと断りましょう。
「自分でなんとかするわ。そうしたいの、わかってちょうだい。心配してくれてありがとう」と言いましょう。それで親が引き下がらない場合は、「このままではまずい結果になる」ことをほのめかしましょう。
「ねえパパ、その話はもう終わりにして欲しいの。でないともう電話を切るわ。また後で話しましょう」

lesson 324

人生の決定権は、「家族」ではなく「自分」にある

時には、親を振り切って行動したいときもあるはずです。「パパがそう思うなんて残念だわ。でもこれが私の望む道なの」と。当然、こういうセリフは、親から経済的援助を受けていないほうが、はるかに言いやすいでしょう。

lesson 325

「でも」よりも「だから」を使う

「あなたを愛しているの、でもね……」と逆接でつなげると、「愛している」という

事実をいくらか否定する、逆のことに本題があるニュアンスになります。「でも」**の代わりに**「だから」**を使いましょう。**最初は違和感があるかもしれませんが、「パパのこと愛しているわ。だから私の決めたことを尊重してほしいの」と、「パパのこと愛しているわ。でも私の決めたことを尊重してほしいの」は響きがまったく違いませんか？　言っていることは同じなのに！

すぐに対処してもいいし、時間を置いて考えてもいい

自分が望まない話し合いを家族が望んでいる、という厄介な状況なら、その場で対処してもいいし、少し寝かせてもよいでしょう。

家を訪ねる／祝日のイベント

祝日に家族や親戚が集まるときは、一大事です。流動的なことが多く、やるべきことが山のようにあり、どんな場合でも絶対にしてはいけないことも、誰かが傷つくきっかけもたくさんあります。**親族集合日はすなわち、自分のあらゆる**「**大人力**」**を総動員するときなのです。**親族集合日を「派手な失敗をやらかす日」にするか、それとも「昨日より成長した自分を実感する日」にするかはあなた次第です。

帰省スケジュールに「自分の予定」も入れる

子どもが遠方に住んでいるなら、両親にとっては年に数回の子どもと充実した時間を過ごす大切なチャンスです。子どもにとっては、昔なじみの地元の旧友に再会できるまたとないチャンスでもあります。

前もって親に連絡をとり、いつ家にいてほしいかを確認してから、家族と過ごすべき日時のスケジュールを立て、いつ外出するかを伝えておきましょう。

夕方から夜まで家族と過ごし、9時頃から旧友と待ち合わせたり、高校時代に素敵だと思っていた男の子とデートする。12月23日の夜に、突発的に高校の同窓会パーティを開いてもいいのです。最大限に楽しみましょう。

lesson 328

親が離婚しているなら、全員を喜ばせるために苦しまない

両方の感謝祭のディナーに出席できれば素晴らしいですし、行きたくないから行かないのも自分の決断です。両方でも、片方でも、どちらもパスするのもアリ。あなたは大人。**自分の意志でスケジュールを決めるのが、大人というものです。**「みんなが

いちばん傷つかずにすむにはどうすればいいか」と悩む必要はありません。

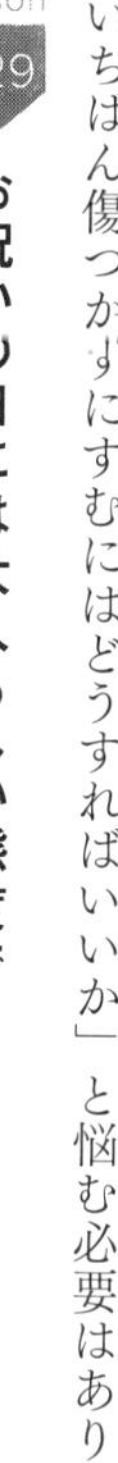

lesson 329

お祝いの日には大人らしい態度で

感謝祭のディナーには、プレゼントを持っていきましょう。これからの一年が待ち遠しくなるような、素敵な贈り物を考えて。

クリスマスには、包装済みのプレゼントを持って実家に帰りましょう。母親に「包装紙ある?」とねだるのは大人のすることではありません。へそ曲がりの親戚とケンカをしないこと。周囲の流れに合わせて、場を楽しくする気遣いをしましょう。

lesson 330

身内の家に泊めてもらうときは「礼儀正しい客」になる

特に、実家に泊まるときは要注意です。**気がゆるんで、ティーンエイジャー時代に退行しないように。**親に食事をつくらせ、自分の部屋にこもって高校時代のように無言の冷戦を続けたり、食べたお皿をテーブルに残したままお風呂に1時間半こもったりするのはよくありません。

タイムマシンで高校生の子どもが戻ってきたと親に思わせないためにも、礼儀正しい客としてふるまうことが大切です。

脱いだものは片付ける。皿洗いを手伝う。スーパーに買い物に行き、朝食をつくる。家のルールの邪魔をしないように気をつける。シャワーを独り占めしない。濡れたタオルをベッドに置かない。家を出る前に、生花を買ってきてキッチンテーブルに飾る。こういった行動は、実家で甘えていた高校生の頃の自分じゃないという証明になりますし、いつまでも子ども扱いすべきではないという親へのメッセージになります。

親がうるさければ、ホテルか友人の家に宿泊する

どちらにしても「便利だから」を理由にしましょう。「あまりにも人数が多いから、僕はスティーブの家に泊めてもらったほうがラクかも。ゲスト用の部屋があるから」パートナーを連れている場合は、ペットのアレルギーを理由にしましょう。

物議をかもす可能性を見込みつつ、真実を穏便に伝える手もあります。「ねえ父さん、僕が実家に帰ってくるたびに、ケンカになってしまうよね。一緒にいる時間をつくりながら多少の距離をとるのがいいと思うんだ」。

イライラしていつか爆発するのを回避できますし、身内や親戚に会うためだけに帰ったのではなく、他にも会いたい人が大勢いるというメッセージにもなります。

■実家に戻る

訳あって実家に戻ったら、ひたすら早く出て行くために努力しましょう。**実家に親と住んでいる人は、家を出るのが大人になるための第一条件です。**母親をスーパーに買い物に行かせているくせに、立派に自立していると思うのは不可能です。

でも、職を失ったり、彼とのトラブルから逃れるためだったり、卒業して職が見つかるまでに九カ月かかったり、という状況だって、時には起きてしまうものです。そういう場合は、実家住まいは一時的で、理想のゴールではないことを肝に銘じましょう。実家住まいをしながら、大人らしい言動を心がけることはできます。成熟した良心的なふるまいは、今後の将来設計にも役立つことでしょう。

実家に戻るなら一人の大人として

最初に、期限を区切るのが理想的です。「〇カ月以内に別の住まいを見つけます」と。**期限は長くて半年、三カ月ならなおいいでしょう。**実家に永住するわけではないことを宣言するのです。今は苦境にあって、問題が一夜で解決しないので泊めてもらうけれど、いつか出て行く、というスタンスの意思表明です。居心地のいい実家で堕落しないためにも、期限を決めておくことで、やる気を持続することができます。

生活費（わずかでも出せるか）や家事分担、今後の展望について話し合いましょう。

「他人の援助を受け入れるなら、その人のアドバイスも受け入れるべきだ」とは、友人の父親アランさんの言葉です。親の要求を知った上で、自分の側の境界線（かなり狭められますが）を綿密に守ることで、両者ともハッピーになれます。

親は「家」をコントロールするが「自分」はコントロールさせない

子ども時代の家に戻っても、子どもに戻ったわけではありません。でも、家の中では親の要求に従うことが多くなるでしょう。親は理不尽かもしれません。不愉快かもしれません。早く人生を立て直して家を出たい、という気持ちがますます強くなるかもしれません。

そうは言っても、「自分は一人前の大人」という自覚を忘れないでください。決断は自分ですべきです。

たとえば、両親があなたのボーイフレンドを気に入らないとしましょう。**親は「家**

に呼ぶな」と言う権利はあっても、「別れろ」と指示するのはボーダーラインを越えています。家の中ではコントロールされていても、玄関を一歩出たら自主性を取り戻しましょう。

親にお金以外の援助をする

家に泊めてもらっている感謝を示すために、両親が「やりたいけれど普段できない家まわりの作業」を引き受けてあげると、喜ばれます。

シーラの言葉です。「義務ではなく、感謝を伝えるために進んでやりましょう。ありがたく思う気持ちが強ければ強いほど、何かをしてあげたくなるものです」。

lesson 335

出て行くとき

ルームメイトを見つけるなり、仕事を見つけるなり、自活する道を見つけるなりしてください。そして、早く出て行きましょう。

家族が増えたら

家族は常に変化します。産まれたり、増えたり、失ったりします。

幸い、減るより増えるほうが多いものです。結婚して子どもが産まれたり、放蕩息子が歳をとって戻ってきたり。

新しく家族の一員に加わる人は、愛されるべきです。でも、あなたの愛情がその人を家族に引き入れたわけではありません。初対面で大好きにならなくても、徐々に好意が芽生えるでしょう。**しばらくの間は、それなりに礼儀正しく接してください。**

新しく家族になる人を、大げさに歓迎する

結婚して義理の家族ができた経験はなくても、休暇に友人の実家にお泊まりした経験ならありますよね。大歓迎して家族の一員のように迎えてくれる人もいれば、あなたの存在に気づかなくて仲間に入れてくれない人もいるでしょう。はっきり言ってあなたの立場は、付け足しみたいなものですから。

でも、あなたが迎える側になったときは、「家族の新入り」と交流しましょう。たとえば「私のいとこが愛する人なら大歓迎よ」などと宣言して、内輪のジョーク、家族の慣習、お酒に弱い人、隣に座ると必ず人気のTVドラマの話題を持ち出す人など、深刻ではない家族の情報を教えてあげましょう。

家族に引き入れた人の判断を信頼する

友人モリーは、数回にわたり家族構成が変わるという複雑な家庭で育ち、幼少時代に父親代わりだった人と、今でも良好な関係を保っています。そして最近、新しいステップファミリーができたそうです。そんなモリーから、奥深いアドバイスをもらいました。

両親の片方が再婚したらどうすればいいですか？

「子どもの役目は、親に協力的な態度を示し、親を信頼し、親の選択肢を信頼することよ」。

でも、向こうが私を気に入らなかったら？

「ママのボーイフレンドについて、最初はそう思ったことがあったわ。だけど、時間がたつとなじんでくるのよ」。ただし、大事な親に悪影響がある相手なら、話が別です。「重要なのは、**ママを幸せにする人かどうかと、私に親切かどうか**。それ以外のことは二の次でいいのよ」

心配があっても（少なくとも）表面上は喜んでみせる

一人っ子で育ったモリーは、27歳にして義理の兄弟が三人できたことに違和感がありました。

「でも、ラッキーなことに、義理の姉妹と兄弟が、とっても喜んでくれて、私のことを家族の一員として大歓迎してくれたの。みんなのひたむきな態度に、私のほうもガードがゆるんだわ。一人っ子という理由もあるけれど、向こうが温かく受け入れてくれたことに心を打たれたの。だから私も心を開いて、ますます家族が複雑になったと悩むかわりに、素晴らしい出逢いに感謝することにしたのよ」

lesson 339

義理の家族と生涯の親友にならなくてもいい

友情の証にアンクレットを編んだり、一対一でドライブ旅行に出かけたりする必要はありません。彼女の結婚相手はあなたではないのです。礼儀正しく親切にしていれば、それでじゅうぶんです。

lesson 340

深刻な懸念があれば、身内に伝える

人生を台無しにしそうな友人に忠告する場合（レッスン219）と同じです。敬意を持って穏やかに話しましょう。**沈黙は愛ではありません。**

lesson 341

法律上は家族でなくなっても、付き合いは続けられると知る

親の結婚で身内になった人とは、たとえ親が離婚しても、付き合いを続けてもいいんです。モリーは、元義理の父と、親しい付き合いを続けています。「複雑な家庭で育った私としては、たとえ『実の父』ではなくても、父親になってくれたことを、当たり前と思わないのが大切だと思うの。お互いにこれからも人生の一部でありたいと望むなら、付き合いを続ければいいのよ」

lesson 342

新しい家族の一員になったら「家事手伝い」をしてなじむ

家族の新入りのテクニックとしては使い古されたやり方ですが、聡明な私の叔母の先例を見習うのもよいでしょう。

叔母は、家族のお祝い事に参加するときに、皿洗いとかテーブルセッティングと

か、必ず自分の家事分担を探しました。役に立つとか気がきく人だとアピールするためだけではなく、**そうしていると必ず誰かが手伝いに来てくれるので、楽しくおしゃべりできるのです。**

lesson 343

批判は保留して観察する

家族生活の六割は、毎日の生活の中で身につけたものです。初めての顔合わせでは、相手の家族の歴史や伝統など、たくさんの目に見えない慣習に出くわすことでしょう。孤独を感じたり、打ち解けにくかったりするかもしれません。文句を言い合うのが好きな家族もあれば、黙って座っているのが団欒（だんらん）という家族もあります。なんにせよ、自分が育った家庭とは様子が違う可能性が高いのです。

今後の流れを説明します。初めの二、三回は、あらゆることが混乱します。四回から十回目は、まだ見習い期間です。でも、ここまでくれば、近いうちに、その家庭の雰囲気が理解できるようになり、親しみを感じるようになります。もしも、そう思えないときは……「大人力」を総動員してがんばってください。**義理の家族の家を訪問しているなら、いつかは帰る時間になりますから。**

困った身内の対処法

人生に害を与える身内がいる場合があります。

ミシシッピ州で記者をしていたとき、人口約八百人の、人の出入りがほとんどない町をいくつか担当していました。その町で、70代の男性二人が、役場の会議でケンカをしているところを目撃したことがあります。この二人にとって、これが最初のケンカではありません。二人の仲たがいは1930年代にまで遡（さかのぼ）り、当時は一人の女性をめぐって言い争っていたのです。理不尽な身内とは、これに似たやりとりが起こります。今この瞬間、この内容で争っているのではなく、今のケンカは、これから長く続く戦争の最初の小競り合いに過ぎないのです。

モリーは言います。「**大人になるって、学んで成長できる人間関係と、自分を痛めつけるだけの人間関係の区別がつくことだと思うの**」。

乱暴な解決策もあります。それは、相手を自分の人生から抹消すること。なにも彼らを自分の人生の一部にする義務はないのですから。でもこれは、どうしてもという時に使う奥の手です。たいていの場合は、自分の人生の中の相手の存在を制限しつつ、関係を改善できる策を探す必要があります。

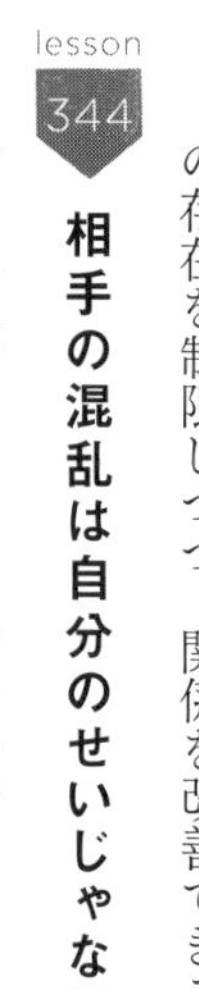

lesson 344

相手の混乱は自分のせいじゃない

自分の過失ではないのに、悩んでいるのは自分、ということがあります。頭痛と胃痛のタネになる身内の存在は、その原因としてリストの上位に入るでしょう。

相手を変えることはできません。薬物乱用癖を正してあげたり、根深い怒りを癒してあげたりするのはムリなのです。自分にできるのは、自分を変えることだけ。彼らの言動に対する反応を変えるのです。**彼らのしたことを真正面から受け止めて吸収してしまうと、自分にひどい悪影響が出ます。**

こう言い聞かせましょう。「私には関係ない。これは私の問題ではない。彼女の問題だから、私には解決できない。だから私は、愛情を持って距離を置こう」

これは、大変な労力を伴います。時にはカウンセリングを受けたり、アルコール依存症の家族のための自助グループなどの助けを借りて、なんらかの療法を習得する必要があるかもしれません。これもまた、「他人をコントロールできなくても、自分をコントロールする」行ないなのです。

lesson 345 ねちねちした相手は、信じるふりをしてかわす

シーラが、こんな名作戦を教えてくれました。

「相手が悪意のある嘘をついているとわかったら、信じるフリをしましょう。たとえば『お返しはいらないわ』と何かをもらったのに、あとからイヤミを言ってきたら、『お返しはいらないんでしょう？』と切り返せばいいんです。嘘に傷つくかわりに嘘を利用して揚げ足をとればいいのよ」

lesson 346 家族に気分を害されても、やり返さない

わかりきったことなのに、やりがちなことです。**他人の言動に心を傷つけられた解決策は、傷つけ返さないこと。**傷つけても、自分の傷が消えるわけではありません。何の役にも立たないのです。

傷つけられた直後に、傷つけた相手の言葉を素直に受け入れることができますか？ムリですよね。他人の言動はコントロールできません。コントロールできるのは、自分の反応だけなのです。

レイニーは言います。「カッカしたり、何か意図があるのかと疑ったりするよりも、

落ち着いて『この人は本当に自分を傷つけるつもりなのか』と考えてみて。相手と少し話をすることで、スッキリするかもしれないわ」。

相手に話し合う気がないときは、ほうっておく

進んで話し合おうとする人もいれば、話したがらない人もいます。今後どうなるかはともかく、今の時点では、話を聞く気がないのです。激怒している真っ最中のときは、なおのことです。

「たとえば母親と仲たがいをして、『このままでは埒があかない』と確信したら、それ以後は、自分の保身を考えましょう。『変わってよ』と母親に訴えるのはあきらめて、**『これ以上傷つきたくないから、これからは本音を話すのをやめよう』**という境地に達するべきです」

lesson 348

完全に縁を切ってしまう前に、真剣に話をする

我慢の限界に達した友人や家族と絶縁したい。そんなとき、相手にどう言えばいいのでしょう。レイニーにたずねてみました。

「そうなる前に、どうして話し合わなかったの？　離婚した家庭で育った人は大勢い

るわ……みんな、対立したときの解決のしかたを学ぶべきよ。お互いに離れたがっているということは、それが決定事項よ。家族のもとを去ることもあれば、友人とさよならすることもある。だけど、**関係を救うための『良質なケンカ』には、大きな価値があるのよ**」

恩を着せられる義務はないと知っておく

「産んでくれた人だからとか、血がつながっているからといって、虐待を受けたり望まない扱いをされて黙っている義務はないわ」とクリスタルは言います。

関係を改善しようと誠実に努力したなら……一緒にカウンセリングを受けるように誘っても、話し合っても、何をしてもダメな場合、距離を置いたほうが自分のためでしょう。**少なくとも現時点では。**

死ぬまで絶縁する必要はありません。「しばらく会わないほうがいいと思うの。XとYとZに関してはきちんとやるわ。それが終わったら、もうあなたの人生の一部でいるのはムリなの」と告げてもいいでしょう。

家族は愛に似てつらいときもあるけど、その百万倍の価値がある

家族は、人類という哺乳類の生命が存続してゆく上での、非常に原始的であり奥深い概念です。

家族は過去と未来をつなぐ絆であり、同じものは二つと存在しません。だから、しがらみにストレスを感じたり、あの人やこの人にイライラしたときは、そういった悩みは遠大で価値の高い全体の姿に比べたら、ほんの瑣末（さまつ）なことにすぎないのだと考えてみてください。

地球全体から見れば、あなたは小さな砂粒みたいな存在です。でも、選ばれた数人にとっては、あなたは大切な大切な存在なのです。

自分にとっての家族も、大切な大切な存在です。

わかりましたね。おばあちゃんに電話してくださいね。

考えてみて!

1

過去に、母親に対してもっとも強い罪悪感を抱いたのは、どんなときですか?
そのときの罪悪感の大きさは「1」から「号泣」までのどのあたりですか?

2

身内に「厄介者」はいますか? なぜ厄介者なのか詳しく説明してください。

3

ところで、おばあちゃんに電話しましたか?

おわりに　Conclusion

これであなたは、自分で思っている以上に「レディ」です。
本当です。
礼儀正しく、責任感のある、親切な善人でいてください。
「お礼のカード」を送るのを忘れないで。
読んでくれてありがとう！

愛をこめて　ケリーより

文庫版訳者あとがき

『レディ・レッスン――ポジティブガールの教科書』は、知っておきたい人生の知恵を一冊にまとめた本です。社会人としての心がまえから、掃除のコツ、お金まわり、友人づきあい、恋愛、親との関わり方まで、上手に世渡りして自分らしく豊かに生きるためのヒントが、幅広く網羅されています。

おもしろくて役に立つ情報が盛りだくさんで、訳者の私も、ふと手に取っては、くり返し読んで、日常生活に使わせてもらっています。この本を読んで改めて思ったのは、私たちの人生のベースになっているのは「おつきあい」なのだ、ということ。自分とのおつきあい、友人とのおつきあい、家との、職場との、モノとの、異性との、親との……。「人間関係を制する者は人生を制する」という金言がありますが、著者がゆるい口調で諭している内容はまさにそういうこと。重要なのは、「身の回りを整え」「礼節を知り」「常識を守る」ことなのです。

願わくば、もっと若いときに読んでいればよかった！「知っていれば、あのときもこのときも、痛い目に合わなかったのに……」。あの頃にはわからなかったこと、誰も正面切って教えてくれなかったことが、こんなにたくさんあるなんて——知るのと知らないのとでは大違いです。

著者ケリー・ウィリアムズがこの本を書いたきっかけは、フェイスブックで「30歳になるまでに何ができるようになりたい？」と問いかけたら、大量のコメントが返ってきたこと。年上の知人をはじめとする大勢の人から、失敗や経験に基づく珠玉のアドバイスをもらったそうです。それらはいわば、「人生の口コミ」です。

だから本書は、彼女のひとりよがりではなく、「上から目線」でもなく、彼女自身も学ぶ側にまわった座談会の延長のような、にぎやかで楽しい雰囲気。ユーモラスでありながら、ときに厳しく諭すような語り口が読んでいて楽しく、リアルで説得力があります。単にテクニックを伝授するのではなく、「なぜそうすべきなのか」についての説明のさじ加減が絶妙で、心にすとんと落ちてきます。

たとえば、「世間から冷たくされても傷つかない」という心がまえについて。見た目や印象を取りつくろうことの重要性。新しい職場では、最初の数週間は、ネズミのようにおとなしくして、職場のルールをよく観察し、みんなのやり方に従う。こまめにお礼状を書く。パーティでの立ち回り方や恋愛の始め方と終わらせ方、女の友情のメンテナンスなど、女子が失敗しがちな方面での耳より情報が、親身に語られています。

親元を離れてひとり暮らしやハウスシェアを始める人のために、ハウスキーピングについては超初心者に寄り添った親切丁寧な内容です。たとえば「45秒のベッドメイキングで部屋の印象が変わる」（レッスン71）には、シーツが洗濯せずに使えるのは最長で二週間、普段の半分の量の洗剤で温水で洗う、できればシーツは三組持つ、という細かい指示が。社会人として実家と上手につきあうコツも、わかっていそうでわかっていない部分が多く、改めて文章で読むことで、新たな気づきがありそうです。

「これでいいのかな」と不安を抱えながら毎日を過ごすよりも、目指す方向性が前もって頭に入っていれば、人生の進み具合がずいぶん違ってくるはずです。年上の先輩たちが、実際に痛い目にあって得た教訓を打ち明けてくれる「人生の口コミ」の数々は、新社会人はもちろん、転職や引越しや出産など、人生の新たなステージを迎えるすべての方に活用してもらえることでしょう。

本書でみなさまの人生が今よりもっともっと楽しく幸せに輝きますように！

鹿田　昌美

Adulting By Kelly Williams Brown

Japanese translation and electronic rights arranged with Bloxom LLC

c/o Foundry Literary + Media, New York,

through Tuttle-Mori Agency, Inc., Tokyo

ケリー・ウィリアムズ・ブラウン

特集記事で受賞経験がある記者で、コラムニスト。ルイジアナ州出身で、現在はオレゴン州ポートランド在住。そして、時々（いつもじゃない）「レディ」です。

鹿田昌美（しかた・まさみ）

翻訳者。国際基督教大学卒。訳書に『フランスの子どもは夜泣きをしない』（集英社）、『好きな服だけ着ればいい』（ダイヤモンド社）、『人生を変えるモーニングメソッド』（大和書房）など多数。

本作品は小社より二〇一五年五月に刊行されました。

レディ・レッスン
ポジティブガールの教科書

著者　ケリー・ウィリアムズ・ブラウン
訳者　鹿田昌美

二〇二〇年八月一五日第一刷発行

発行者　佐藤　靖
発行所　大和書房
東京都文京区関口一－三三－四　〒一一二－〇〇一四
電話　〇三－三二〇三－四五一一

フォーマットデザイン　鈴木成一デザイン室
本文デザイン　小口翔平＋喜來詩織（tobufune）
イラスト　須山奈津希
本文印刷　シナノ　カバー印刷　山一印刷
製本　小泉製本

ISBN978-4-479-30829-4
乱丁本・落丁本はお取り替えいたします。
http://www.daiwashobo.co.jp